Colloquial
French

The Colloquial Series

The following languages are available in the Colloquial series:

Albanian
Amharic
Arabic (Levantine)
Arabic of Egypt
Arabic of the Gulf and Saudi
  Arabia
Bulgarian
Cambodian
Cantonese
Chinese
Czech
Danish
Dutch
English
Estonian
French
German
* Greek
Gujarati
Hindi
Hungarian
Indonesian

Italian
Japanese
Korean
Malay
Norwegian
Panjabi
Persian
Polish
Portuguese
Romanian
* Russian
Serbo-Croat
Slovene
Somali
* Spanish
Spanish of Latin America
Swedish
Thai
Turkish
Ukranian
Vietnamese
Welsh

Accompanying cassette(s) are available for the above titles.
* Accompanying CDs are also available.

Colloquial
French

A Complete Language Course

Alan Moys

ROUTLEDGE

London and New York

First published 1996
by Routledge
11 New Fetter Lane, London EC4P 4EE

Simultaneously published in the USA and Canada
by Routledge
29 West 35th Street, New York, NY 10001

Typeset in Times Ten by Florencetype Ltd, Stoodleigh, Devon

Printed and bound in England by Clays Ltd, St Ives PLC

British Library Cataloguing in Publication Data
A catalogue record for this book is available from the British Library

Library of Congress Cataloguing in Publication Data
A catalogue record for this book has been requested

ISBN 0–415–12089–6 (book)
ISBN 0–415–12090–X (cassettes)
ISBN 0–415–12091–8 (book and cassettes course)

Contents

Introduction

As its title suggests *Colloquial French* is a course which concentrates on the everyday language of France and French-speaking countries. It is intended for adult beginners and also for those who prefer to consider themselves as beginners even if they 'did French' at some time in the past, perhaps at school.

Colloquial French can be used in adult education classes or by learners studying at home. However, it is very difficult to learn to speak a language in isolation from other people, and so if you are planning to learn at home, it will be most helpful to you if you can find someone to work with you on the various activities.

Recordings are available to help you get the most out of each lesson. They are particularly helpful in developing your listening and pronunciation skills, and they enable you to continue to work at your French at different times of the day, for example when driving to work or jogging with your Walkman. Remember that to learn a language you need to hear it often, not just once a week!

Colloquial French covers the basic structures of the language, together with the vocabulary of everyday situations which the visitor to France is likely to encounter, whether on holiday or on business. Every effort has been made to avoid overloading the learner, and the grammatical coverage has been kept deliberately to a minimum necessary to ensure that learners can grasp the main structures of the language.

How the course is organised

Colloquial French consists of twenty lessons, of which two (10 and 20) are revision lessons which enable you to check what you have learned. All the main lessons are laid out in the same way.

Dialogues

There are two dialogues per lesson. These present new ways of using the language, and new language structures. The emphasis is on everyday spoken French. In lessons 1–9 the dialogues are followed immediately by an English translation. Make a habit of using the English version as a prompt to see how well you can recall the original French. In lessons 11–19 the dialogues are followed by a glossary of the new vocabulary items. There is also a full glossary at the end of the book containing all the vocabulary in the course. All the dialogues in *Colloquial French* can be found on the accompanying recordings.

Functions

Each lesson helps you to perform new language functions, such as *asking for information* or *expressing preferences*. These functions are listed at the beginning of the lesson, along with any grammatical features to be covered, and in addition there is a full list of functions in the indexes at the end of the book.

Grammar

Grammar points are presented in each lesson, with an emphasis on illustrating their importance in practical language use. Grammatical terminology is kept to a minimum and is explained where necessary.

Try it! Essayez-le!

Every time a new function, structure or grammatical point is introduced, you are given opportunities to practise it through a variety of activities and exercises. Where appropriate, the answers or solutions are given in the key to exercises at the end of the book.

There is also a substantial reference section covering in particular the grammar of the French verb.

Recordings

The recordings provide all the dialogues in the book, using native speakers, together with a range of activity and exercise material.

They represent an indispensable aid to following the course, particularly in developing listening and pronunciation skills. Remember that it is most important to 'take a language bath' whenever you can. Just listening to the recordings is in itself useful in that you begin to attune your ear to what is being said. The more you listen, the quicker you will progress to a point where a foreign language does not seem too fast or too blurred for you to be able to grasp it.

How easy is French to learn?

If you glance through some of the dialogues in this course, or look at a French newspaper, you may be struck by the number of words which look much the same in both languages, words such as **moment, personnel, téléphone, station**, etc. Most – but not all – such words carry the same meaning in both languages. However, they may sound very different from English, because the French sound system is different. Learning to pronounce French is critically important, and if you are to succeed in this task you may have to learn afresh how to listen. Most of us rely heavily on seeing the printed word when we want to learn something new, and our 'listening attentiveness' may have declined. Do at least some of your listening to the dialogues without the text in front of you. Remember that many of the grammatical spelling features of French, such as agreements or verb endings, will not be reflected in the pronunciation. For example, the following all sound the same: **donner, donnez, donné, donnés, donnée, donnai**.

Pronunciation guide

Vowels

	French examples	Nearest English equivalents
a	(when final sound in word) ch*a*t, m*a*, voil*à*, p*a*s;	m*u*d, p*u*b
	(when followed by other sounds in word) ch*a*tte, mad*a*me	p*a*t, r*a*m
e	(between pronounced consonants) m*e*ttre, m*e*rci, qu*e*l;	b*e*lt
	(final letter of word – not pronounced) un*e* anglais*e*, madam*e*, ell*e*;	
	(unstressed syllable – pronounced) m*e*rcredi, quatr*e*-vingts;	math*e*matics
	(unstressed syllable – not pronounced) mad(e)moiselle, app(e)lez, all(e)mand	
ê	*ê*tes, f*ê*te	w*e*t
è	premi*è*re, m*è*re, fr*è*re	st*air*, r*are*
	deuxi*è*me, ch*è*vre	st*e*m, n*e*ver
é	*é*glise, *é*cossais, donn*é*	t*a*ke, br*ea*k
i	m*i*di, *i*ci, *i*l, f*i*che	f*ee*t, gr*ee*t, s*ea*t
o	éc*o*le, éc*o*ssais, espagn*o*l	*O*liver
œ	s*oeu*r	nearest English equivalent is 'p*urr*'
u	t*u*, v*u*, pl*u*s, habit*u*de	No English equivalent. Make O shape with lips, push tongue forward behind teeth and try to

y   *Yvette*, il *y* a
     payer, envoyer

say ooo. Hear the
difference when you pull
tongue back. Compare
vu (tongue forward) and
vous (tongue back)
m*ee*t
you

Vowel combinations

Vowels are often combined with each other in spelling to convey
different sounds. The most common are:

French examples	*English equivalents*
ai fran*çai*s, j'*ai*, s'il vous pl*aî*t	t*a*ke
au/eau	Nearest English
b*eau*, ch*âteau*, *au*, *au*jourd'hui	equivalent as in '*o*pen'
eu p*eu*, *eu*x, pl*eu*t	p*er*formance
l*eu*r, p*eu*r	Nearest English
	equivalent 'm*ur*der'
oi m*oi*, v*oi*là	w*o*nderful
ou v*ou*s, t*ou*jours, v*ou*lez	m*o*ve, wh*o*

Nasalised vowels

Vowels are pronounced differently (partly through the nose) when
followed by **n** or **m**, as long as the **n** or **m** is followed by a different
consonant or occurs at the end of a word:

-ain, -aim, -ein, -in, -im, -un, -en (sometimes) améric*ain*, f*aim*, pl*ein*, *in*dividuel, *un*	Nearest English equivalent is to try to say 'bun' without fully pronouncing the 'n'
-an, -en (sometimes) pl*an*, t*an*te, *en*, *en*tre	Nearest English equivalent is to try to say 'long' without fully pronouncing the 'ng'
-on m*on*, *on*cle, L*on*dres	Nearest equivalent as in 'l*aun*dry'

However, when these nasal vowel combinations are followed by a
vowel or a second **n** or **m**, they are not nasalised:

améric*ai*ne, pl*ei*ne   both rhyme with 'Ben'

une	rhymes (roughly) with 'tune'
fine	rhymes (roughly) with 'bean'
année	as in 'and'
Ital*ienne*	rhymes with 'Ben'
*Mon*aco	as in 'Monaco'

Consonants

Most consonants in French have a similar, though not always identical, sound to their English counterparts. Note the following points:

	French examples	*English equivalents*
c	As in English, pronounced as 'k' before **a**, **o**, **u**: **calendrier**, **cognac**, **cuisine**. As in English, pronounced as 's' before **e**, **i**: **cette**, **ici**	
ç	Used before **a** and **o** to indicate 's' (not 'k') pronunciation: **ça**, **commençons**	
ch	**ch**âteau, **ch**ambre	*sh*op, *sh*are
g	Before **e** or **i**: **man**ge, **pa**ge, **ma**gique	plea*s*ure, lei*s*ure
	Before all other letters: **gare**, **grand**	great
gn	**ga**gner	nearest English equivalent is 'a*nn*ual'
h	Never pronounced as in English. In most words, treated as a vowel: **l'hôtel**, **l'homme** (mute **h**). In some words, treated as a consonant: **le haricot**, **la harpe** (aspirated **h**).	
j	**je**, **Jacques**, **jambon**	plea*s*ure, lei*s*ure
-ill	trava**ill**er, b**ill**et, bout**eill**e, fam**ill**e (but in **ville**, **village** pronounce the **ll**)	ka*y*ak
q	**qui**, **quel**, **baroque**	*k*aya*k*. No 'qu' sound as in English 'quick'
r	**mairie**, **quatre**, **Paris**	produced at back of tongue

th	**théâtre, thé, Thomas**	Close to English 't'. No equivalent in French to English 'th' sound
z	**avez, marchez, voulez**	'z' not pronounced at end of word

Some notes to remember

- Generally, final consonants are not pronounced: **anglais, pleut, beaucoup, nuits, métier.**
- The **é** sound is spelled in a variety of ways in different words: **billet, donner, travaillez, j'ai, été, mes.**
- Double consonants + **e** are generally pronounced: **baguette, bonne, homme, grosse.**

Rhythm and stress in French

A major difference between English and French is that words in English have their own rhythm/stress pattern, which they keep wherever they occur:

nation<u>A</u>Lity ho<u>TE</u>L infor<u>MA</u>tion <u>EN</u>glish <u>LON</u>don

Sometimes the stress varies between words of the same family:

<u>TE</u>Lephone tele<u>PHON</u>ic te<u>LE</u>phonist

In French, on the other hand, the internal rhythm of individual words gives way to the overall rhythm of the whole utterance:

Je vais le jeter.	I'm going to throw it away.
Je vais le jeter à la poubelle.	I'm going to throw it in the dustbin.
Je vais le jeter à la poubelle de Jacques.	I'm going to throw it in Jacques' dustbin.

The stress is generally on the last or last but one syllable of the utterance.

Liaison and elision

The final consonant in a word is often pronounced when the next word begins with a vowel or mute **h**:

C'est une catastrophe.   (pronounce 't')
pas encore   (pronounce s as 'z')

This process, known as liaison, is largely limited in everyday speech to common utterances involving the consonants **t** and **s**, and even here it is common not to observe the liaison except in the most frequently used phrases. For example, the following sentence is heard both with and without liaison:

Ce n'est pas impossible   or
Ce n'est pas impossible

Elision (the dropping of the final **e** or **i** of a word before a vowel in the following word) occurs only in a limited number of specified cases, such as:

le	before a vowel or mute **h**	**l'enfant, l'hôtel**
de		**le frère d'Annie**
me		**elle m'a invité**
te		**je t'écris**
se		**il s'habille**
que		**il faut qu'elle paie**
ce	with verb **être**	**c'est, c'était**
si	before **il/ils**	**s'il est essentiel**

Elision must be observed in these cases – unlike liaison, elision is not optional.

Accents in French

The accents used in French have the following names:

´	**accent aigu**	acute accent
`	**accent grave**	grave accent
^	**(accent) circonflexe**	circumflex
ç	**cédille**	cedilla
¨	**tréma**	diaeresis

It is common practice to omit accents on capitals.
   Accents serve two purposes in French:

- to indicate pronunciation, as when we distinguish the word **marché** from the word **marche**;
- to distinguish words which have identical spelling but different meanings, such as **des** (some) and **dès** (from), **où** (where) and

ou (or). In these cases the presence of the accent has no effect on the pronunciation.

It makes it much simpler if you remember that *the only vowel whose pronunciation is affected by the addition of an accent* is **e**. An acute accent on an **e** always has the same effect: **donné** has the same sound as **donner**.

A grave accent on an **e** is almost always a pronunciation marker, the pronunciation being different from the **é** acute:

père, **mère**, **dernière** all rhyme with **faire**; **parallèle**, **modèle**, **Michèle** all rhyme with **belle**.

The presence of an acute, grave or circumflex accent on the other vowels, **a**, **i**, **o**, or **u** can generally be ignored in pronunciation, though of course they are required to produce correct written language.

The cedilla placed under a **c** before **a**, **o** or **u** means that the **c** is to be pronounced 's' and not 'k': **leçon**, **reçu**, **ça**. (A **c** before **e** or **i** is always pronounced as an 's' – as in **civil**, **recevoir**.)

A diaeresis (¨) over a letter indicates that the vowel on which it is placed is separated in pronunciation from the vowel preceding it: **Noël** (Christmas).

1 Premiers contacts

First contacts

In this unit you can learn about:

- how to address French people you come into passing contact with
- how to give and ask for information about identity, nationality, status and job
- positive and negative forms
- the verb **être**
- numbers 1–50

Dialogue 1

Taxi!

Anne Murdoch, a Scotswoman, gets off the train at Grenoble and calls a taxi to take her to her hotel

ANNE: Taxi! Pardon, monsieur, vous parlez anglais?

CHAUFFEUR: Non, madame, très peu. Vous êtes anglaise?

ANNE: Non, je suis écossaise, de Glasgow. Er ... l'Hôtel des Quatre Saisons, s'il vous plaît.

CHAUFFEUR: Entendu, madame, je vais vous y conduire.... En Ecosse, il pleut beaucoup?

ANNE: Excusez-moi, je ne comprends pas. Vous pouvez parler plus lentement?

CHAUFFEUR: Est-ce qu'il pleut beaucoup à Glasgow?

ANNE: Ah, oui, beaucoup.

CHAUFFEUR: Voilà, madame, l'Hôtel des Quatre Saisons. Ça fait quarante francs, s'il vous plaît, madame. Merci beaucoup. Bon séjour!

ANNE: *Taxi! Excuse me, do you speak English?*
TAXI-DRIVER: *No, very little. Are you English?*
ANNE: *No, I'm Scottish, from Glasgow. Er ... the Four Seasons Hotel, please.*
TAXI-DRIVER: *Right, I'll take you there. ... Does it rain a lot in Scotland?*
ANNE: *I'm sorry, I don't understand. Can you speak more slowly?*
TAXI-DRIVER: *Does it rain a lot in Glasgow?*
ANNE: *Oh yes, a lot.*
TAXI-DRIVER: *Here we are, the Four Seasons Hotel. That will be forty francs, please. Thanks very much. Enjoy your stay!*

Language points

Opening moves

When approaching a stranger for help or information, use the following opener:

Pardon, monsieur ...
Pardon, madame ...
Pardon, mademoiselle ...

As an alternative to **Pardon**, you can say **S'il vous plaît** (Please).

The French use these polite phrases (**formules de politesse**) much more in everyday contacts than do speakers of English. Look again at the dialogue above, and notice how often **monsieur** or **madame** appears in the French version, but not in the English version where they would seem less natural.

Using the dialogue as a model, try:

- asking a woman passer-by if she speaks French;
- asking a man passer-by if he speaks English;
- asking a woman if she is Scottish;
- asking a man if he is French.

Having got the information you wanted, don't forget to *thank* the other person:

Merci, Monsieur, Madame, Mademoiselle
Merci beaucoup, Monsieur, etc.

Talking about nationality

To give your nationality in French, you say:

Je suis anglais.	(if you're a man)
Je suis anglaise.	(if you're a woman)
I'm English.	

Je suis français.
Je suis française.
I'm French.

Je suis américain	**allemand**	**hollandais**	**italien**
Je suis américaine	**allemande**	**hollandaise**	**italienne**
I'm American	German	Dutch	Italian

Note that generally adjectives in French – and words giving nationality are examples of adjectives – vary in spelling and pronunciation to match the gender of the person or thing they describe. The above examples all illustrate this. However, as in most languages, there are exceptions, such as

Je suis belge. I'm Belgian.

(same spelling and pronunciation, masculine and feminine)

Je suis espagnol/espagnole. I'm Spanish.

(the spelling changes but not the sound)

Did you notice?

The nationalities in the examples above do not have capital letters in French. Capital letters are only used for nationalities in the following circumstances:

- with the names of countries, e.g. **la France**, **l'Angleterre**
- when the adjective of nationality (**français**, **anglais**) is used as a noun, to mean 'an Englishman', 'a Frenchwoman', etc., or in the plural when referring to the people of a country:

C'est une Anglaise.
She is an Englishwoman.

J'aime bien les Irlandais.
I'm very fond of the Irish.

Asking questions

There are three ways of asking a question in French. For example, to ask someone 'Are you French?':

> *Est-ce que* **vous êtes français?** *or*
> **Vous êtes français?**　　　　　(your voice must have a rising
> 　　　　　　　　　　　　　　　intonation at the end of the
> 　　　　　　　　　　　　　　　sentence) *or*
> **Etes-vous français?**

To ask 'Do you speak English?':

> *Est-ce que* **vous parlez anglais?**
> **Vous parlez anglais?**
> **Parlez-vous anglais?**

In speech, the third of these methods (**Parlez-vous anglais?**) is used much less frequently than the other two.

Try it! Essayez-le! **(1)**

Try the other two ways of asking these questions:

1　Est-ce que vous êtes espagnole, madame?
2　Vous comprenez?
3　Vous pouvez parler plus lentement?
4　Est-ce qu'il pleut beaucoup à Londres?
5　Parlez-vous italien?

Dialogue 2

A l'hôtel

Anne Murdoch checks in at her hotel

ANNE:	Bonjour, monsieur, j'ai une réservation pour deux nuits.
RÉCEPTIONNISTE:	C'est à quel nom, s'il vous plaît, madame?
ANNE:	Pardon?
RÉCEPTIONNISTE:	Comment vous appelez-vous?
ANNE:	Murdoch. M U R D O C H. C'est un nom écossais.
RÉCEPTIONNISTE:	Ah, vous n'êtes pas anglaise, madame? Si vous

	voulez bien remplir cette fiche, en mettant votre adresse en Ecosse.
ANNE:	Je n'habite pas l'Ecosse, je suis fixée à Manchester, où je travaille. Voilà, j'ai tout rempli, sauf la case IMMATRICULATION VOITURE. Je ne conduis pas en France. Je n'ai pas l'habitude de conduire à droite!
RÉCEPTIONNISTE:	C'est parfait, Madame. Je vous remercie. Vous avez la chambre dix-huit, au premier étage. Voici la clé. Bon séjour, madame.

ANNE:	*Hello. I've a reservation for two nights.*
RECEPTIONIST:	*What name is it, please?*
ANNE:	*Sorry?*
RECEPTIONIST:	*What is your name?*
ANNE:	*Murdoch. M U R D O C H. It's a Scottish name.*
RECEPTIONIST:	*Ah, you're not English? If you would like to fill in this card, putting in your address in Scotland.*
ANNE:	*I don't live in Scotland, I'm based in Manchester, where I work. There you are, I've filled in everything except the box marked CAR REGISTRATION. I don't drive in France. I'm not used to driving on the right!*
RECEPTIONIST:	*That's fine, thank you. Yours is room 18, on the first floor. Here's the key. Enjoy your stay.*

Language Points

Spelling things out

There are a number of situations where you may need to spell out something in French (your name, address or the name of a place you are looking for). The alphabet in French is the same as in English, and the letters are pronounced as follows:

Letter	Pronunciation	Pronounced as in . . .
a	a	plat
b	bé	Beethoven
c	cé	César
d	dé	décide
e	euh	feu
é	é	clé

f	effe	effort
g	gé	mangé
h	ache	vache
i	i	ville
j	gi	gîte
k	ka	cas
l	elle	femelle
m	ème	deuxième
n	enne	antenne
o	o	mot
p	pé	paix
q	cu	culinaire
r	ère	mère
s	esse	presse
t	té	thé
u	u	tu
v	vé	vélo
w	double vé	
x	ikse	fixe
y	i grec	
z	zède	

When spelling out a word in French, e.g. **Fratton**, you might need:

Capital F	**F majuscule**
Double t	**deux t**

So **Fratton** would sound like this:

Effe majuscule ... ère ... a ... deux t ... o ... enne

To ask how something is spelled/written

Comment ça s'écrit? or more formally **Comment cela s'écrit-il?**
How do you spell (write) that?

Pourriez-vous me l'épeler?
Could you spell it for me?

Pourriez-vous me l'écrire?
Could you write it down for me?

Votre prénom/nom s'écrit comment?
How is your first name/family name spelled?

Je vous l'épelle.
I'll spell it for you.

Je vous l'écris.
I'll write it for you.

Try it! Essayez-le! _(2)_

Imagine you are giving information about yourself to a French official or receptionist, in response to these questions:

Votre nom, s'il vous plaît?
Ça s'écrit comment?
Et votre prénom?
Vous êtes anglais/anglaise?
Quelle est votre adresse?
Vous pourriez me l'épeler?

Asking someone's name

Votre nom, s'il vous plaît? is formal and only used when identifying yourself to business or official contacts. In everyday and social contexts the question is:

Comment vous appelez-vous?
(literally 'How do you call yourself?')

and your reply will be:

Je m'appelle Murdoch, Anne Murdoch.

Try it! Essayez-le _(3)_

Following the model, adopt the new identities using the cues given:

Model

Je m'appelle Murdoch, Anne Murdoch.
Murdoch, c'est M U R D O C H.
Je suis écossaise.
J'habite Manchester.

Essayez!

Dixon, Harvey – American – Boston
Smith, Jane – English – Cardiff
Kunz, Walter – German – Berlin
Henze, Olga – Dutch – Rotterdam
Pouillot, Pierre – Belgian – Brussels (French: **Bruxelles**)

Positive and negative

Here are positive and negative answers to the same question:

Vous êtes américan?
Oui, je suis américain.
Non, je *ne* suis *pas* américain.

Vous travaillez à Grenoble?
Oui, je travaille à Grenoble.
Non, je *ne* travaille *pas* à Grenoble

Vous comprenez?
Oui, je comprends.
Non, je *ne* comprends *pas*.

Ne is reduced to **n'** where necessary:

Vous *n'*êtes *pas* espagnol?

Try it! Essayez-le! *(4)*

Here is a profile of you. How accurate is it? Wherever it's wrong, say so by turning the statement into the negative:

Je suis irlandais(e).
J'habite Londres.
Je travaille à Manchester.
Je parle anglais.
Je comprends l'allemand.
J'ai l'habitude de conduire en France.
En Angleterre je conduis à droite.

The verb **être** (to be)
Je suis russe.
Tu es américain.
Il est hollandais.
Elle est marocaine.
Nous sommes des touristes à Paris.
Vous êtes français.
Ils sont sympa, les Français!
(**sympa** = **sympathiques** 'nice')

More about you

Giving more details about yourself and what you do in life is similar to giving your nationality:

Je suis	**marié/mariée.**	I'm married.
	divorcé/divorcée.	I'm divorced.
	veuf/veuve.	I'm widowed.
	célibataire.	I'm single.

Je suis secrétaire. I'm a secretary.
Je suis comptable. I'm an accountant.

Je suis mécanicien(ne).	I'm a mechanic.
Je suis infirmier/infirmière.	I'm a nurse.
Je suis professeur.	I'm a teacher.
Je suis vendeur/vendeuse.	I'm a shop assistant.
Je suis chauffeur.	I'm a driver.
Je suis fonctionnaire.	I'm a civil servant.
Je suis serveur/serveuse.	I'm a waiter/waitress.

Je travaille/suis employé(e) dans **une banque.** a bank
un magasin. a shop
une usine. a factory
un bureau. an office

You can ask for these details with the following questions:

Et vous?
Quel est votre métier? What is your job?
Qu'est ce que vous faites dans la vie? What do you do in life?
Vous travaillez?
Vous êtes **professeur?**
médecin (doctor)?
journaliste?
facteur (postman)?
Vous êtes marié(e)?

Start counting

0	zéro	17	dix-sept
1	un, une	18	dix-huit
2	deux	19	dix-neuf
3	trois	20	vingt
4	quatre	21	vingt et un(e)
5	cinq	22	vingt-deux
6	six	23	vingt-trois
7	sept	24	vingt-quatre
8	huit	etc.	
9	neuf	30	trente
10	dix	31	trente et un(e)
11	onze	32	trente-deux
12	douze	etc.	
13	treize	40	quarante
14	quatorze	etc.	
15	quinze	50	cinquante
16	seize		

Try it! Essayez-le! *(5)*

What is your room number?

   C'est le   24 5 19 35 18 49 15 11

What does the taxi meter read?

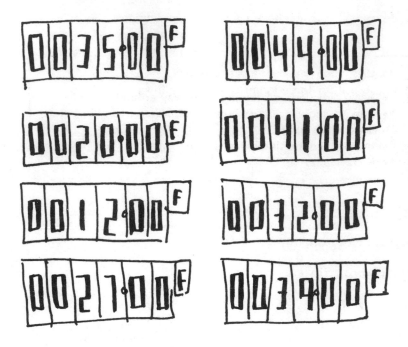

2 Où sommes-nous?

Where are we?

In this unit you can learn about:

- basic directions for finding your way around
- how to enquire about shops, restaurants and other services nearby
- the definite and indefinite article
- Il y a . . .

Dialogue 1

Promenade en ville

Bob and Sylvia Hawkins are American tourists staying in a small French seaside town. They ask the hotel receptionist for information about places in town

BOB:	Pardon, monsieur. Nous voulons visiter le château. C'est loin?
RÉCEPTIONNISTE:	Le château? Ah, non, monsieur, c'est à dix minutes à pied. Voici un plan de la ville. Nous sommes ici, à l'Hôtel Miramar. Pour aller au château, vous tournez à gauche en sortant de l'hôtel; vous prenez la troisième rue à gauche puis la deuxième à droite, et l'entrée du château est à votre gauche, en face de la mairie.
BOB:	Pardon, vous pouvez parler plus lentement, je ne comprends pas.
RÉCEPTIONNISTE:	You wish me to speak English?
SYLVIA:	Non, non, monsieur, ce n'est pas nécessaire, nous avons compris! Et pour la gare routière, s'il vous plaît?

RÉCEPTIONNISTE: La gare routière, madame? Regardons le plan. Voilà la gare routière. En sortant du château, vous tournez à votre droite, vous continuez tout droit et c'est à gauche, après le théâtre municipal. Tenez, vous pouvez garder le plan, c'est gratuit.

SYLVIA: Merci beaucoup.

RÉCEPTIONNISTE:	Je vous en prie. Bonne promenade, monsieur 'dame!
BOB:	*Excuse me, we would like to visit the château. Is it far?*
RECEPTIONIST:	*The château? No, it's ten minutes' walk from here. Here's a plan of the town. We are here, at the Hotel Miramar. To get to the château, you turn left out of the hotel, you take the third street on the left then the second on the right, and the entrance to the château is on the left, opposite the mairie.*
BOB:	*Sorry, could you speak more slowly, I don't understand.*
RECEPTIONIST:	*You wish me to speak English?*
SYLVIA:	*No, no, there's no need, we understood. And how do we get to the bus station, please?*
RECEPTIONIST:	*The bus station? Let's look at the street plan. There is the bus station. As you come out of the château, you turn to your right, carry straight on, and it's on your left, after the municipal theatre. Here, you can keep the street plan, it's free.*
SYLVIA:	*Thank you very much.*
RECEPTIONIST:	*Not at all. Enjoy your walk!*

Language points

Did you notice?

le château	*la* gare routière
le théâtre	*la* mairie

The word for 'the' (known as the *definite article*) varies because nouns in French fall into two categories, which are known as *genders*, masculine and feminine. While these terms are obviously familiar to English speakers when referring to words such as 'man, woman, grandfather, sister', etc., they are also used in French for all other nouns, hence **la gare** (fem.), **le château** (masc.). So when you learn a new noun in French you have to learn whether it is masculine or feminine. There are some rules and patterns to help you, but in the end it's a matter of memory!

Try it! Essayez-le! *(1)*

Using the text of the dialogue, check the gender of the following nouns and put **le** or **la** before each word as appropriate:

_____ mairie

_____ rue

_____ plan

_____ théâtre

_____ ville

Le/la becomes **l'** before a vowel or mute **h**:

*l'***aéroport**	(masculine)
*l'***hôtel**	(masculine)
*l'***avenue**	(feminine)

To ask directions (1)

Pour aller à **la gare routière, s'il vous plaît?**
Can you tell me the way to the bus station, please?

Pour aller à l'Hôtel Miramar, s'il vous plaît?
Pour aller à l'aéroport, s'il vous plaît?
Pour aller au château, s'il vous plaît?

Did you notice?

The preposition **à** ('to, at, in') combines with the masculine definite article **le** to give **au**:

	au **château** (masc.)
but	*à la* **gare** (fem.)
	*à l'***aéroport** (before a vowel)
	*à l'***hôtel** (before mute **h**)

Try it! Essayez-le! *(2)*

Try asking the way to these places on the street plan:

le syndicat d'initiative	the tourist information office
le théâtre municipal	the municipal theatre
le jardin public	the park, public gardens
le casino	the casino
le vieux port	the old harbour

le restaurant Sévigné	the Sévigné Restaurant
la gare SNCF	the railway station
la vieille ville	the old town
la poste	the post office
l'église	the church
l'Hôtel de la Plage	the Beach Hotel

More about numbers

Look at the full list of numbers 50–500 on page 211. For this lesson, you need to learn the following numbers likely to figure in directions:

50	cinquante	250	deux cent cinquante
100	cent	300	trois cents
150	cent cinquante	400	quatre cents
200	deux cents	500	cinq cents

1st	premier (masc.)	première (fem.)
2nd	deuxième	
3rd	troisième	
4th	quatrième	
5th	cinquième	

For more details of ordinal numbers (first, second, third, etc.) see page 212.

To ask directions (2)

La poste, c'est loin?
The post office, is it far?

Non, c'est tout près.
No, it's close by.

Non, ce n'est pas loin.
No, it's not far.

Oui, c'est assez loin.
Yes, it's a fair distance.

Try it! Essayez-le! *(3)*

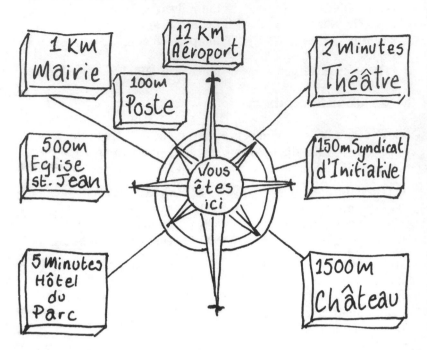

1 km
Mairie

12 km
Aéroport

2 minutes
Théâtre

100m
Poste

500m
Eglise
st. Jean

150m Syndicat
d'Initiative

Vous
êtes
ici

5 minutes
Hôtel
du
Parc

1500 m
Château

La poste, c'est loin?	**Non, c'est à cent mètres.**

Over to you:

L'aéroport, c'est loin?
etc.

To give directions

L'hôtel Splendide?	**C'est la première (rue) à gauche.** It's the first (street/turning) on the left.
Le théâtre?	**C'est la deuxième rue à gauche.** It's the second on the left.
La poste?	**C'est la troisième rue à gauche.** It's the third on the left.
Le syndicat d'initiative?	**C'est la première rue à droite.** It's the first on the right.

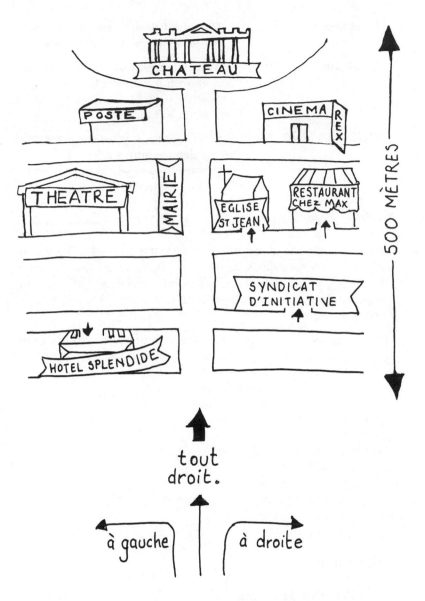

Le restaurant Chez Max? **Vous prenez la deuxième rue à droite.**
You take the second on the right.

Le cinéma Rex? **C'est la troisième rue à droite.**
It's the third on the right.

Le château?	**C'est tout droit, à cinq cents mètres.** It's straight ahead, 500 metres.
La mairie?	**Vous allez tout droit; c'est sur votre gauche à trois cents mètres.** You go straight on; it's on your left after 300 metres.
L'église St Jean?	**C'est tout droit, c'est sur votre droite à deux minutes d'ici.** It's straight ahead, on your right, two minutes from here.

Try it! Essayez-le! *(4)*

First, cover up the directions given in the examples above, and see if you can remember them. Once you can do this, try giving directions from a different starting point – imagine you are starting from the château, or from outside the theatre. You will find this wordbank useful:

Vous prenez	la première (rue)	à droite/sur votre droite
	la deuxième	à gauche/sur votre gauche
	la troisième	
	la quatrième	
	la cinquième	

Vous allez ⎫
Vous continuez ⎬ tout droit

C'est à cinquante mètres
à cent mètres
à deux cents mètres
à deux cent cinquante mètres
à deux minutes
à cinq minutes

Pointing to something

Voici **un plan de la ville.**
Here is a street plan of the town.

Voilà **la gare routière.**
There's the bus station.

Dialogue 2

Quel hôtel choisir?

François Bertrand, a computer consultant, is planning a training conference in the Burgundy region (la Bourgogne) and is looking for a suitable hotel. He telephones the Hôtel du Lion d'Or in Dijon. We pick up the conversation half way through

FRANÇOIS: Donc pour résumer, vous pourriez loger un groupe de trente personnes pour les nuits du 3 et 4 octobre.

HÔTELIER: Sans problème, monsieur. Vous n'avez qu'à confirmer par lettre ou fax.

FRANÇOIS: J'ai encore quelques petites questions à vous poser, si vous me le permettez. Est-ce qu'il y a un restaurant à l'hôtel?

HÔTELIER: Oui, monsieur, et en plus il y a beaucoup de restaurants dans le quartier.

FRANÇOIS: Et est-ce qu'il y a une piscine?

HÔTELIER: Oui, monsieur, il y a une piscine et un sauna au sous-sol. Il y a aussi une salle de télévision au premier étage.

FRANÇOIS: Y a-t-il des cinémas ou des théâtres dans le quartier?

HÔTELIER: Il y a un cinéma en face de l'hôtel, et un deuxième à cinq minutes à pied.

FRANÇOIS: C'est parfait. Peut-être à bientôt alors.

HÔTELIER: Ce sera avec plaisir, monsieur. Au revoir et merci.

FRANÇOIS: *So to sum up, you could accommodate a group of thirty people for the nights of 3 and 4 October?*

HÔTELIER: *No problem, sir, you have only to confirm by letter or fax.*

FRANÇOIS: *I've still got a few minor questions to ask you, if you will allow me. Is there a restaurant in the hotel?*

HÔTELIER: *Yes, and in addition there are a lot of restaurants in the area.*

FRANÇOIS: *Is there a swimming pool?*

HÔTELIER: *Yes, there is a swimming pool and a sauna in the basement. There is also a television lounge on the first floor.*

FRANÇOIS: *Are there any cinemas or theatres in the area?*

HÔTELIER: *There's a cinema opposite the hotel, and a second one within five minutes' walk.*

FRANÇOIS: *That's fine. See you soon, perhaps.*

HÔTELIER: *It will be a pleasure. Goodbye and thank you.*

Language points

Did you notice?

un cinéma	*une* piscine
un sauna	*une* salle de télévision

Known as the *indefinite article*, the word for 'a' is **un** before masculine nouns and **une** before feminine nouns.

How to ask about local shops, services, etc.

To refer to the existence of something, you can use the fixed phrase **il y a** 'there is, there are':

Il y a un sauna au sous-sol.
There's a sauna in the basement.

Il y a deux restaurants en face de l'hôtel.
There are two restaurants opposite the hotel.

Attention!

Il y a is used to refer to the existence of something; **voilà** is used to point something out:

Il y a **une pharmacie dans le quartier?**
Is there a chemist's in the area?

Oui, *voilà* **la pharmacie, en face.**
Yes, *there's* the chemist's, across the road.

As we saw in lesson 1, there are three ways of asking a question, and so it is with **il y a**:

Il y a	**près d'ici?**
Y a-t-il	**une banque**
Est-ce qu'il y a	**dans le quartier?**

Is there a bank near here/in the area?

Il y a une boulangerie près d'ici? Oui, il y en a une, à deux minutes.
Is there a baker's shop nearby? Yes, there's one two minutes away.

Il y a un tabac près d'ici? Oui, il y en a un, en face.
Is there a tobacconist's nearby? Yes, there's one opposite.

Did you notice?

Il y a *une* boulangerie ...?	**Oui, il y *en* a *une*.**
Il y a *un* tabac ...?	**Oui, il y *en* a *un*.**
	Yes, there is (one of them).

Using **en** in the reply means you don't have to repeat the word **boulangerie**, **tabac**, etc.

Try it! Essayez-le! *(5)*

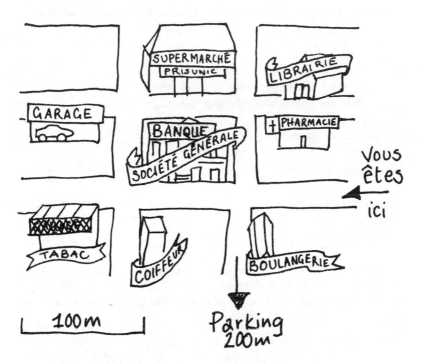

(New words: **un supermarché** 'a supermarket', **une librairie** 'a book-shop', **un coiffeur** 'a hairdresser's', **un parking** 'a car park')

Est-ce qu'il y a un supermarché près d'ici?
Oui, il y en a un à 200 mètres. Vous prenez la première rue à droite, puis la première à gauche, et c'est sur votre droite.

A vous maintenant:

Il y a un garage/une banque/un parking près d'ici?
etc.

3 Manger et boire

Eating and drinking

In this unit you can learn about:

* how to order food and drink
* how to ask what a word means
* how to talk about likes, dislikes and preferences
* how to address family and close friends; use of pronoun **tu**
* plurals of nouns and articles
* emphatic pronouns **moi, toi**, etc.

Dialogue 1

Table d'hôte

Three English students go with a French friend to eat at lunchtime in the Brasserie chez Jacques in Dijon. They opt for the cheapest of the fixed menus (known as **les menus table d'hôte**) *rather than the more expensive* **menu à la carte**

DARREN: Tu peux m'aider, Françoise? Il y a des choses que je ne comprends pas dans le menu. Qu'est-ce que c'est que les crudités? Et qu'est-ce que ça veut dire, une assiette anglaise?

FRANÇOISE: Les crudités, c'est un assortiment de légumes crus, par exemple carottes râpées, céleri, betterave rouge, radis. Et l'assiette anglaise, ce sont des tranches de charcuterie – jambon, saucisson, pâté, etc.

DARREN: Merci, mais je n'aime pas tellement les plats froids. Je prends la soupe à l'oignon – j'adore ça – et puis le coq au vin.

Brasserie chez Jacques,
rue Albert Premier, Dijon.
Tél.: 80.72.98.00

Menu à 90 francs

Crudités
Assiette anglaise
Salade de fromage de chèvre
Soupe à l'oignon
Escargots (supplément 10 francs)
Mousse de saumon

Coq au vin
Filet de bœuf
Steak tartare
Truite aux amandes
Moules frites

Plateau de fromages
ou
Desserts:

Tarte aux pommes
Crème caramel
Glaces/sorbets

Nos prix sont nets

FRANÇOISE: Et Matthew et Jane, vous avez choisi?

JANE: Moi, je vais prendre la mousse de saumon et la truite aux amandes. J'aime beaucoup le poisson.

MATTHEW: Pour moi, la salade de fromage de chèvre, et puis les moules frites. J'adore les moules – et les frites! Mais qu'est-ce que c'est que le steak tartare?

FRANÇOISE: C'est un steak cru, haché et mélangé avec un jaune d'œuf cru, herbes et condiments. C'est délicieux. J'hésite entre ça et le filet de bœuf. Je vais prendre le steak tartare, et les escargots pour commencer.

DARREN: *Can you help me, Françoise? There are some things I don't understand in the menu. What are* crudités?

And what does this mean, une assiette anglaise, *an English plate?*

FRANÇOISE: Crudités *are an assortment of raw vegetables, for example, grated carrots, celery, beetroot, radishes. An* assiette anglaise *is made up of slices of cooked meats – ham, sausage, pâté, etc.*

DARREN: *Thanks, but I'm not very keen on cold dishes. I'll have the onion soup – I love it – and then the* coq au vin.

FRANÇOISE: *And Matthew and Jane, have you decided?*

JANE: *I'm going to have the salmon mousse and the trout with almonds. I'm very fond of fish.*

MATTHEW: *For me it will be goat's cheese salad, then the mussels with chips. I love mussels – and chips! But what's a* steak tartare?

FRANÇOISE: *It's a raw steak minced and mixed with raw egg yolk, herbs and condiments. It's delicious. I'm hesitating between the fillet steak and the* steak tartare. *I'll have the steak tartare, and the snails to start with.*

Language points

Did you notice?

le **steak tartare**	*la* **salade de fromage de chèvre**
le **filet de bœuf**	*la* **mousse au saumon**
le **coq au vin**	*la* **soupe à l'oignon**
*l'***assiette anglaise**	

And when the word is plural, the same form is used whether masculine or feminine:

les **crudités** (fem.)
les **escargots** (masc.)

To choose from a menu

SERVEUR/SERVEUSE: **Vous avez choisi?**
VOUS: **Oui,** *je prends/je vais prendre* **le menu à 90 francs.**
Yes, *I'll have* the 90 franc menu.

Pour commencer, *je prends* **les crudités ...**
To start with, *I'll have* the crudités ...

... et *puis/pour* *suivre*, **la truite aux amandes.**
... and *then/to follow*, the trout with almonds.

Try it! Essayez-le! *(1)*

Imagine you're choosing from the 90 franc menu. See how many different combinations of starter and main course you can order.

To seek clarification of a word or item you don't understand

*Qu'est-ce que c'est qu'***un steak tartare?**
What is a steak tartare?

Qu'est-ce que ça veut dire, **syndicat d'initiative?**
What does syndicat d'initiative *mean*?

Qu'est-ce que ça veut dire, **Nos prix sont nets?**
What does it mean, Our prices are net?

*Ça veut dire qu'***il n'y a pas de service à ajouter.**
It means that there is no service charge to add on.

To say you like or dislike something

✓✓✓ **J'adore la mousse au chocolat.**
    I love chocolate mousse.
✓✓ **J'aime les plats végétariens.**
    I like vegetarian dishes.
✓ **J'aime assez les fruits de mer.**
    I quite like sea food.
× **Je n'aime pas tellement les tomates.**
    I'm not very keen on tomatoes.
×× **Je n'aime pas les escargots.**
    I don't like snails.
××× **Je déteste les huîtres.**
    I hate oysters.
∞ **Je ne sais pas si j'aime ...**
    I don't know whether I like ...

Try it! Essayez-le! *(2)*

Mark the boxes to show your personal tastes. For the key to the symbols look at the previous examples:

	✓✓✓	✓✓	✓	✕	✕✕	✕✕✕	∞
les chocolats							
les frites							
le poisson							
le fromage de chèvre							
la soupe à l'oignon							
les moules							
les tomates							
le café expresso							
le cognac							
le Coca-Cola							

Now that you have marked your tastes, try it aloud. If you are learning with a partner, you can practise both question and answer.

Did you notice?

The article **le/la/les** is often required in French when it would not appear in English. For example, it is normal to use nouns in English without the article when making a general or unspecific reference to something, e.g. 'Do you like Belgian chocolates?' But in French you need the article: **Vous aimez *les* chocolats belges?**

Preferences

Saying what you prefer:

J'aime les moules mais je préfère les huîtres.
I like mussels but I prefer oysters.

Try it! Essayez-le *(3)*

Say you like one but prefer the other:

    Belgian chocolates, English chocolates
    snails, sea-food
    cognac, Coca-cola
    fillet steak, steak tartare

To ask others what they prefer:

Qu'est-ce que vous préférez, la soupe ou les crudités?

Dialogue 2

J'ai soif!

Later the same day our group of friends, after spending the afternoon browsing in the shops, stop for a drink on the terrace of a local café-bar

FRANÇOISE:	Je suis crevée! Quelle chaleur! Et j'ai soif! Je voudrais une boisson fraîche.
DARREN:	Moi aussi. *[Le serveur arrive.]*
SERVEUR:	Monsieur 'dames.
DARREN:	Je vais prendre une bière, un demi de Kronenbourg, s'il vous plaît.
JANE:	Je n'aime pas tellement la bière. Je prends un diabolo-menthe. Et Matthew, qu'est-ce que tu bois?
MATTHEW:	Un Coca-Cola, s'il vous plaît.
FRANÇOISE:	Et pour moi ce sera un Perrier rondelle.
SERVEUR:	Donc, un demi, un coca, un Perrier rondelle, et un diabolo-menthe. Tout de suite, messieurs-dames.
DARREN:	*[spotting a small bowl on the table]* Tiens, il y a des olives. Qui en voudrait une?
FRANÇOISE:	Merci, je n'ai pas faim.

FRANÇOISE:	*I'm exhausted! This heat! And I'm thirsty! I should like a cool drink.*
DARREN:	*Me too!* [The waiter arrives]. *I'll have a beer, a half of Kronenbourg, please.*
JANE:	*I don't like beer very much. I'll have a diabolo-menthe. Matthew, what are you drinking?*
MATTHEW:	*Coca-Cola, please.*
FRANÇOISE:	*And for me, a Perrier with a slice of lemon.*
WAITER:	*So it's a half, a coke, a Perrier rondelle, and a diabolo-menthe. I'll be back straight away.*
DARREN:	[spotting a small bowl on the table] *Oh, there are some olives. Who would like one?*
FRANÇOISE:	*No thanks, I'm not hungry.*

Language points

Addressing family and close friends

The pronoun **tu** is used for 'you' when addressing family, close friends and children. It is also widely used among students and other young people in groups, whether or not they are close friends. The **tu** form can only be used in the singular (i.e. when addressing one person) whereas the **vous** form is used to address both singular and plural subjects:

Tu prends un coca, Françoise?
Are you having a coke, Françoise?

Vous prenez le menu à 110 francs, monsieur?
Are you having the 110 francs menu, sir?

Matthew, tu prends une boisson fraîche?
Matthew, *are you having* a cold drink?

Matthew et Darren, vous prenez une boisson fraîche?
Matthew and Darren, *are you having* a cold drink?

If you are visiting France as a tourist or on business, you will normally have few occasions to use the **tu** form of address. If you become close friends with a family or with individuals, you may be invited to **tutoyer** (the verb which means 'to address someone with **tu**'). There is a similar verb **vouvoyer** ('to address someone as **vous**'):

Je tutoie mes parents mais je vouvoie mes beaux-parents.
I address my parents as **tu**, but my parents-in-law as **vous**.

Ordering a drink

Here are some drinks you might order:

un Orangina	a slightly fizzy orange drink
un diabolo-menthe	lemonade flavoured with mint concentrate
une limonade	lemonade
un jus de tomate	tomato juice
un jus d'orange	orange juice
une bière pression	draught beer
un vin blanc/rouge	white/red wine
un gin-tonic	gin and tonic
un citron pressé	fresh lemon squeezed and served with ice
un thé	tea
un thé au lait	tea with milk
un thé citron	tea with lemon
une infusion	herbal tea

Try it! Essayez-le! *(4)*

Try ordering drinks for these groups of your friends who don't speak French:

1 Tracey, Alice, Jo
2 Alice, Bob, Gill, Rex
3 Gina, Bob, Ann

Gill	tea with lemon	Tracey	orange juice
Bob	draught beer	Gina	gin and tonic
Ann	white wine	Rex	tomato juice
Jo	coffee	Alice	brandy

Help the waiter out!

Le gin-tonic, c'est pour qui?
Who is the gin and tonic for?
C'est pour Gina.

Le cognac, c'est pour qui?
Le thé citron, c'est pour qui?
Le jus de tomate, c'est pour qui?
La bière, c'est pour qui?

Emphatic pronouns, moi, toi, etc.

When placed in an isolated or emphatic position, for example after prepositions like **pour**, the subject pronouns **je**, **tu**, **il**, etc. are replaced by these emphatic forms:

je	*moi*	nous	*nous*
tu	*toi*	vous	*vous*
il	*lui*	ils	*eux*
elle	*elle*	elles	*elles*

> *Pour moi*, c'est un Perrier, et *pour toi*, un Schweppes. Et pour les enfants?
> *Pour eux*, c'est une limonade. Qui prend les cocas?
> C'est *nous*.

Try it! Essayez-le! *(5)*

Michel is checking that his friends have got the right drinks. Tell him he's right each time:

Model: La bière, c'est pour Jacques? Oui, c'est pour lui.

Le diabolo-menthe, c'est pour Anne?
Le jus de tomate, c'est pour toi, Chantal?
Le thé, c'est pour vous, madame?
Les cafés sont pour vous, Eric et Georges?
Et les deux bières, c'est pour Alain et Patrick?
Et le cognac, c'est pour moi?

Indefinite article, singular and plural

Masculine		Feminine	
un citron	*a* lemon	**une tomate**	*a* tomato
un cognac	*a* brandy	**une limonade**	*a* lemonade
des biscuits	*some* biscuits	**des olives**	*some* olives
des chips	*some* crisps	**des cacahuètes**	*some* peanuts

Have you noticed?

une salade *de* fromage	cheese salad
un jus *de* fruits	fruit juice
la soupe *à* l'oignon	onion soup
la mousse *au* chocolat	chocolate mousse

Whereas in English two nouns can be simply placed together in this way in a compound form to create a particular meaning, in French it is more likely that they will be linked by a word such as **de** or **à**. So, if **un ananas** is 'a pineapple', and **un pamplemousse** is 'a grapefruit', what would you expect to say in French for 'a grapefruit juice' and 'a pineapple juice'?

There are other ways of combining nouns in French (such as **gin-tonic**, **Perrier rondelle**, **thé citron**) but these are less common.

Saying you are hungry or thirsty

In French you are not hungry or thirsty – you *have* hunger or thirst:

j'ai faim	I'm hungry
je n'ai pas faim	I'm not hungry
j'ai soif	I'm thirsty
je n'ai pas soif	I'm not thirsty

Try it! Essayez-le! *(6)*

Accept these offers, following the model:

Tu veux une bière?	Oui, je veux bien, j'ai soif.
Tu veux un biscuit?	Oui, je veux bien, j'ai faim.
Tu veux un chocolat?	
Tu veux des frites?	
Tu veux un Schweppes?	
Tu veux des cacahuètes?	
Tu veux un café?	

Now try saying 'No' instead of 'Yes'. To say 'No thankyou':

Merci, je n'ai pas soif/faim.

Remember that **merci** in response to an offer often means '*No* thankyou'! Watch out for other signs, such as tone of voice, gesture, etc.

4 Travail et loisirs

Work and play

Dialogue 1

Une longue journée

Marianne Bonnard is a single parent, living in a small flat in the suburbs of Paris with her three-year-old son, Dominique. Her day is long and hard, as is clear from this interview with a social researcher, Chantal Arthaud

CHANTAL: Votre journée commence à quelle heure, en général?

MARIANNE: Dominique me réveille toujours vers six heures et demie. Je prépare son petit déjeuner, et nous quittons l'appartement vers huit heures moins le quart. J'emmène Dominique en voiture à son école maternelle où je le dépose à huit heures moins cinq.

CHANTAL: Puis vous allez travailler?

MARIANNE: Oui, mon bureau est à cinq minutes en voiture. S'il n'y a pas trop de circulation, je suis au bureau à huit heures pile. Il y a des jours où j'ai du retard, mais j'arrive rarement après huit heures dix.

CHANTAL: Et vous travaillez à plein temps?

MARIANNE: Oui, de huit heures à midi et de deux heures à cinq heures quarante-cinq, cinq jours par semaine, du lundi au vendredi.

CHANTAL: Vous rentrez manger chez vous à midi?

MARIANNE: Oui, sauf de temps en temps quand je reste en ville pour manger avec une copine.

CHANTAL: Et votre journée finit à quelle heure?

MARIANNE: Je me couche rarement avant minuit.

CHANTAL: *What time does your day generally start?*

MARIANNE: *Dominique always wakes me up about half past six. I get his breakfast, and we leave the flat at about a quarter to eight. I drive Dominique to the nursery school, where I drop him off at five to eight.*

CHANTAL: *Then you go to work?*

MARIANNE: *Yes, my office is five minutes away in the car. If the traffic isn't too heavy, I'm at the office at eight o'clock sharp. There are days when I'm late, but I rarely arrive after ten past.*

CHANTAL: *And you work full time?*

MARIANNE: *Yes, from eight to twelve and from two until five forty-five, five days a week, from Monday to Friday.*

CHANTAL: *Do you go home to eat at midday?*

MARIANNE: *Yes, except from time to time when I stay in town to eat with a woman friend of mine.*

CHANTAL: *And at what time does your day end?*

MARIANNE: *I rarely go to bed before midnight.*

Language points

Describing everyday events and actions

Model:

je travaille	I work
il/elle travaille	he/she works
nous travaillons	we work
vous travaillez	you work

Try it! Essayez-le! *(1)*

Je rentre.	I go/come home.
Dominique ...	

Nous ...
Vous ...

| Je dépose Dominique. | I drop Dominique. |

Marianne ...
Nous ...
Vous ...

| Je prépare le petit déjeuner. | I prepare breakfast. |

Il ...
Dominique et moi, nous ...
Vous ...

| J'arrive à huit heures. | I arrive at eight. |

Elle ...
Nous ...
Vous ...

| Nous quittons le bureau à 5h 45. | We leave the office at 5.45. |

Je ...
Vous ...
Elle ...

Did you notice?

Unlike some of the verbs in dialogue 1, the ones chosen for the above examples all behave in the same way. This is because they belong to the same category (or *conjugation*) of verbs, in this case the **-er** conjugation. They are known as *regular* verbs because they follow a fixed pattern:

travailler   to work

je travaille	I work, I am working
tu travailles	you work, you are working
il/elle travaille	he/she/it works, is working
nous travaillons	we work, we are working
vous travaillez	you work, you are working
ils/elles travaillent	they work, they are working

In terms of pronunciation, the **je/tu/il/elle/ils/elles** forms all sound the same.

Other verbs either belong to another conjugation (such as **finit**, which comes from the verb **finir**, which is in the **-ir** conjugation) or they are irregular, that is, they do not belong to and conform to a regular conjugation, for example **être** 'to be', **avoir** 'to have' and **aller** 'to go': for details of the three regular conjugations, and of the main irregular verbs, see pages 213–30.

Telling the time

Pardon, monsieur, vous avez l'heure, s'il vous plaît?
Excuse me, can you tell me the time, please?

Quelle heure est-il? *or* **Il est quelle heure?**
What is the time?

Il est une heure.	It's one o'clock.
Il est deux heures.	It's two o'clock.
Il est trois heures.	It's three o'clock.
Il est midi.	It's twelve noon.
Il est minuit.	It's twelve midnight.
Il est sept heures un quart.	It's a quarter past seven.
or **Il est sept heures et quart.**	
Il est sept heures et demie.	It's half past seven.
Il est huit heures moins le quart.	It's a quarter to eight.
Il est huit heures cinq.	It's five past eight.
Il est neuf heures moins vingt.	It's twenty to nine.
Il est minuit moins une.	It's a minute to midnight.

a.m. and p.m.

The terms 'a.m.' and 'p.m.' are not used in French. Instead the words for morning, afternoon and evening are used.

Il est sept heures du matin.
It's seven o'clock in the morning.

Il est deux heures de l'après-midi.
It's two in the afternoon.

Il est six heures et demie du soir.
It's half past six in the evening.

Digital time/24-hour clock

As in English, it is now commonplace to use the purely numeric system:

10.15	**Il est dix heures quinze.**
05.45	**Il est cinq heures quarante-cinq.**
11.30	**Il est onze heures trente.**

The 24-hour clock is used in timetables and programme guides:

Le ferry arrive à vingt-trois heures quinze (23h15).
Le train part à quatorze heures trente (14h30).

Try it! Essayez-le! *(2)*

Can you match the times with the words?

A	quatre heures dix	1	5h30
B	midi trente	2	0h25
C	une heure moins le quart	3	4h10
D	vingt-deux heures quarante	4	11h15
E	onze heures et quart	5	1h07
F	cinq heures et demie	6	7h50
G	sept heures une	7	22h40
H	une heure sept	8	12h30
I	huit heures moins dix	9	12h45
J	minuit vingt-cinq	10	7h01

To ask when something happens

A quelle heure part le bus?
What time does the bus leave?

Quand partez-vous?
When are you leaving?

Quand est-ce qu'ils arrivent?
When do they arrive?

***Try it!* Essayez-le!** *(3)*

Using dialogue 1 as your guide, can you fill in the spaces?

La journée de Marianne commence _____
Elle _____ vers huit heures moins cinq
Elle arrive au bureau _____
Elle travaille de _____
Elle _____ à midi
Le soir, elle _____ le bureau _____

Dialogue 2

Loisirs

Sylvia and Bob have made friends with a French couple in their hotel. Maurice and Jacqueline Callot are enjoying a very active retirement. Here Sylvia and Jacqueline compare notes

SYLVIA: Vous êtes retraités tous les deux. Vous ne vous ennuyez pas? Comment est-ce que vous passez votre temps?

JACQUELINE: Moi je suis très sportive. Je joue au golf le mercredi et souvent le vendredi aussi. J'adore aussi la marche, et je pars en promenade avec un groupe presque tous les dimanches.

SYLVIA: Et votre mari?

JACQUELINE: Mon mari n'aime pas tellement l'activité physique. Il va assez souvent à la pêche, mais sa distraction principale, c'est son violoncelle. Le lundi soir il joue dans un groupe avec d'autres musiciens, et toutes les semaines il donne des leçons de violoncelle à des jeunes musiciens du quartier.

SYLVIA:	Est-ce que vous avez aussi des intérêts en commun?
JACQUELINE:	Oui, nous passons beaucoup de temps ensemble. Nous allons au cinéma ou à un concert au moins une fois par mois et nous allons jouer tous les jeudis au bridge avec des amis. Et vous, quels sont vos loisirs?
SYLVIA:	On travaille tous les deux de longues heures, et il n'y a pas beaucoup de temps pour les loisirs. Le weekend nous jouons quelquefois au tennis ou nous faisons une sortie à vélo ou à pied. Mon mari adore la voile, et moi j'aime le ski nautique, mais nous n'avons pas le temps de les pratiquer. Pour l'instant, avec notre travail et nos enfants, notre loisir le plus important, c'est la télé!
SYLVIA:	*You're both retired. Aren't you bored? How do you spend your time?*
JACQUELINE:	*I'm very keen on sport. I play golf on Wednesdays and often on Fridays as well. I also love walking, and I go out walking with a group almost every Sunday.*

SYLVIA: *What about your husband?*
JACQUELINE: *My husband isn't very keen on physical activity. He quite often goes fishing, but his main pastime is his cello. On Monday evenings he plays in an ensemble with other musicians, and every week he gives cello lessons to young musicians from the locality.*
SYLVIA: *Do you have any common interests as well?*
JACQUELINE: *Yes, we spend a lot of time together. We go to the cinema or to a concert at least once a month and we go and play bridge every Thursday with friends. But what about you, what are your leisure interests?*
SYLVIA: *We both work long hours, and there isn't much time for leisure. At weekends we sometimes play tennis or we go out cycling or walking. My husband loves sailing, and I love water skiing, but we don't have the time to pursue them. For the moment, what with our work and our children, our most important pastime is the TV!*

Language points

Talking about things you do regularly

The French convey the idea of 'every' by using the word for 'all':

tous **les lundis**	*every* Monday
toutes **les semaines**	*every* week

Tous is used before masculine plural nouns, **toutes** before feminine plural nouns.
 The following are very useful:

tous les weekends	every weekend
tous les matins	every morning
tous les après-midi	every afternoon
tous les soirs	every evening
toutes les nuits	every night
tous les jours	every day
tous les quinze jours	every fortnight
tous les mois	every month
tous les ans	every year

toutes les heures	every hour
toutes les dix minutes	every ten minutes

The days of the week are all masculine. They do not have capital letters:

lundi	Monday
mardi	Tuesday
mercredi	Wednesday
jeudi	Thursday
vendredi	Friday
samedi	Saturday
dimanche	Sunday

Did you notice?

There are two ways of saying 'every Monday' etc.: **tous les lundis** or **le lundi**.

You can add **matin, après-midi** or **soir**:

tous les mardis matin	or	**le mardi matin**
tous les mercredis soir	or	**le mercredi soir**
tous les jeudis après-midi	or	**le jeudi après-midi**

The verb aller 'to go'

je vais au cinéma
tu vas à la pêche
il va à l'école maternelle
elle va au bureau
nous allons au théâtre
vous allez au concert
ils/elles vont à la piscine

Try it! Essayez-le! *(4)*

Complete these sentences so that they make sense either of what you have read in the dialogues or in terms of your own lifestyle – and put in the appropriate form of the verb **aller**:

Jacqueline _____ au golf tous/toutes les _____
Marianne _____ au bureau _____
Jacqueline et Maurice _____ au cinéma _____
Dominique _____ à l'école maternelle _____

Moi je _____ au cinéma _____
Je _____ au restaurant _____
Je _____ chez le coiffeur _____
Je _____ chez le dentiste _____

The verb avoir 'to have'

J'ai **une journée très chargée.**	I have a very heavy day.
Tu as **un rendez-vous.**	You have an appointment.
Il a **un violoncelle.**	He has a cello.
Elle a **des amis.**	She has friends.
Nous avons **des intérêts en commun.**	We have common interests.
Vous avez **le temps.**	You have time.
Ils ont **deux enfants.**	They have two children.

Try it! Essayez-le! *(5)*

Can you make sense of these jumbled sentences?

piano samedi a leçon Marianne une de matin
temps nous sport de avons n' le pas pratiquer de
une ai ville à copine j' vendredi un en rendez-vous avec midi
jours il tous les a concert un quinze
américains Jacqueline amis Maurice et des ont.

Test your memory!

How many false statements can you find in this description of Marianne's day? (See dialogue 1.)

Marianne réveille Dominique à sept heures et demie. Dominique prend son petit déjeuner, puis il quitte la maison avec sa mère vers huit heures dix. Marianne dépose Dominique à l'université à huit heures et demie, et elle prend le bus pour aller à son bureau. Généralement elle rentre à l'appartement pour manger à midi. L'après-midi elle va à la pêche avec une copine. Le soir elle joue au bridge avec Dominique, et elle se couche toujours vers dix heures.

5 Projets de vacances

Holiday plans

In this unit you can learn about:

- how to talk about present and future intentions
- how to make a booking by telephone
- making polite requests
- dates, seasons
- conditional forms **je voudrais, j'aimerais**

Dialogue 1

L'Europe en trois mois

Bob and Sylvia's visit to France is only a part of a three-month tour of European countries. They are telling their new friends the Callots about their planned itinerary

BOB: Vous savez, nous allons visiter au moins huit pays en trois mois. Nous allons être épuisés au mois d'octobre! Nous avons l'intention de voir le plus possible – nous aimerions naturellement revenir en Europe une autre année, mais ce n'est pas certain, et le voyage coûte très cher.

JACQUELINE: Mais vous n'allez pas abandonner la France tout de suite, j'espère!

SYLVIA: Non, au contraire. Nous allons passer encore une quinzaine de jours ici. Après-demain nous partons voir des amis à Strasbourg, et pour la semaine prochaine nous allons louer un studio dans les Alpes du sud. Ensuite nous avons l'intention d'explorer la Provence; nous sommes intéressés par les villes et les monuments romains.

BOB: . . . puis au mois d'août nous allons passer huit jours en Italie, et ensuite on va prendre le ferry pour aller en Grèce. Tous nos amis nous disent qu'il faut absolument y aller. On va peut-être aussi aller au Maroc, mais ce n'est pas certain.

MAURICE: Oui, c'est beau, l'Afrique du nord . . .

SYLVIA: Puis fin août début septembre Bob va louer un camping-car à Gibraltar. Nous allons voir un peu l'Espagne puis remonter en France. Le 20 septembre nous traversons la Manche, et nous passons le reste de notre séjour en Angleterre, chez des amis à Chester. Vous connaissez l'Angleterre, madame?

JACQUELINE: Pas du tout. Nous avons honte!

BOB: *Do you know, we're going to visit at least eight countries in three months. We'll be exhausted in October! We intend to see as much as possible – naturally, we would like to come back to Europe another year, but it's uncertain, and the trip costs a lot.*

JACQUELINE: *But you're not going to desert France straight away,*
I hope.

SYLVIA: *No, quite the opposite. We are going to spend another*
fortnight here. The day after tomorrow we are going
off to see some friends in Strasbourg, and for next
week we are renting a studio in the Alpes du sud.
Then we intend to explore Provence; we're fascinated
by the Roman towns and monuments.

BOB: *... then in August we're going to spend a week in*
Italy, after which we'll take the ferry to Greece. All
our friends tell us that we absolutely must go there.
We may also go to Morocco, but it's not definite.

MAURICE: *Yes, north Africa is very beautiful.*

SYLVIA: *Then at the end of August or beginning of September*
Bob is going to rent a camper van in Gibraltar. We're
going to explore Spain a bit, then come back up into
France. On 20 September we cross the Channel, and
we are spending the rest of our stay in England, with
friends in Chester. Do you know England well?

JACQUELINE: *Not all all! We're ashamed!*

Language points

Saying what you're going to do

Use the appropriate form of the verb **aller** 'to go', followed by the
infinitive form of the other verb:

Je *vais passer* huit jours en Grèce.
I'm going to spend a week in Greece.

Bob *va louer* un camping-car.
Bob *is going* to hire a camper-van.

Nous *allons traverser la Manche.*
We're *going to cross* the Channel.

To say what you're *not* going to do, make the **aller** form negative,
not the infinitive:

Nous *n'allons pas visiter* le Portugal.
We're *not going to visit* Portugal.

Try it! Essayez-le! *(1)*

Using the information in dialogue 1, fill in the missing details:

Après-demain, Sylvia et Bob vont _____
Ensuite, ils _____ dans les Alpes du sud.
Au mois d'août, ils _____ en Italie, puis ils _____ en Grèce.
A Gibraltar, Bob _____
Le 20 septembre, ils _____ la Manche.

To say what you intend to do

J'ai l'intention de rester.
I intend to stay.

Nous avons l'intention d'aller à Athènes.
We intend to go to Athens.

Ils n'ont pas l'intention d'aller en Tunisie.
They don't intend to go to Tunisia.

Try it! Essayez-le! *(2)*

True or false? **Vrai ou faux?** If any of these statements are wrong make them negative:

1 Sylvia et Bob vont aller à Strasbourg.
2 Ils vont aussi aller en Belgique.
3 Ils vont passer un mois en Italie.
4 Ils vont prendre le ferry pour aller en Grèce.
5 Ils ont l'intention d'aller au Maroc.
6 Bob a l'intention de louer une caravane à Gibraltar.
7 Ils vont partir en Angleterre en septembre.

Did you notice?

Frequently the pronoun **nous** is replaced in everyday speech by the impersonal pronoun **on**:

On **va prendre le ferry.**
We are going to take the ferry.

On **va peut-être aller au Maroc.**
We'll maybe go to Morocco.

On, which corresponds very loosely to the English 'one', is, however, used very differently in French, for a range of everyday purposes. When using it instead of **nous**, remember it is a third-person pronoun, like **il** and **elle**, and takes the third-person singular form of the verb.

Try it! Essayez-le! *(3)*

Answer these questions, using **on** for **nous**;

Vous allez à Strasbourg?
(Say yes, we're going to visit friends.)

Et après, vous allez dans les Alpes?
(Say yes, we are going to rent a studio.)

Vous allez aussi en Provence?
(Say yes, we intend to visit Avignon and Arles.)

Vous passez tout le mois d'août en Grèce?
(Say no, we're going to spend a week in Italy.)

If there's an element of uncertainty

You can always add **peut-être** 'perhaps, maybe' after the verb:

Nous allons peut-être louer une voiture.
Perhaps we'll hire a car.

On va peut-être prendre le bus.
We'll maybe take the bus.

Dialogue 2

Pour louer un gîte

*An English woman, Tina Lennard, telephones from London to the office in the town of Bourges which handles bookings for country holiday homes (**gîtes ruraux**) in the département du Cher*

EMPLOYÉE:	Allô, oui?
TINA:	Bonjour, madame, c'est bien le bureau qui s'occupe des gîtes ruraux?
EMPLOYÉE:	Oui, madame. C'est pour un renseignement?

TINA:	Oui, je voudrais me renseigner sur la possibilité de louer un gîte pour six personnes, quatre adultes et deux enfants, en juillet ou en août.
EMPLOYÉE:	Six personnes.... Voyons.... J'ai un gîte pour huit personnes à Ménétréol, près de Sancerre. C'est une ancienne ferme. Elle a quatre chambres, une avec un lit pour deux personnes, les autres avec deux lits jumeaux. Nous avons aussi un gîte pour six personnes à Noirlac, au sud de Bourges. C'est un chalet moderne qui a deux chambres pour deux personnes, plus un lit convertible dans le séjour. Vous avez une préférence, madame?
TINA:	Oui, la ferme de Sancerre me semble plus intéressante. Est-ce que vous avez des dates disponibles? Pour deux ou trois semaines, si c'est possible.
EMPLOYÉE:	J'ai les trois semaines du samedi 2 au 23 juillet, ou les trois semaines du 6 au 27 août.
TINA:	Le 2 juillet serait trop tôt pour les enfants. Est-ce que je pourrais vous rappeler demain pour confirmer les trois semaines du mois d'août?
EMPLOYÉE:	Bien sûr, madame.

BOOKING AGENT:	*Hello*
TINA:	*Hello, is that the office which deals with holiday homes?*
BOOKING AGENT:	*Yes. Did you want some information?*
TINA:	*Yes, I should like check out whether it's possible to book a gîte for six people, four adults and two children, in July or August.*
BOOKING AGENT:	*Six people. . . . Let's see. . . . I have a gîte for eight people at Ménétréol, near Sancerre. It's an old farmhouse. It has four bedrooms, one with a double bed, the others with twin beds. We also have a gîte for six at Noirlac, south of Bourges. It's a modern chalet which has two double rooms plus a bed settee in the sitting room. Do you have a preference?*
TINA:	*Yes, the Sancerre farmhouse looks more interesting. Do you have any available dates? For two or three weeks, if possible.*
BOOKING AGENT:	*I have the three weeks from Saturday 2 to the 23 July, or the three weeks from 6 to 27 August.*
TINA:	*The 2nd of July would be too early for the children. Could I call you again tomorrow to confirm the three weeks in August?*
BOOKING AGENT:	*Of course.*

Language points

Saying what you want to do

To make a polite request (e.g. for a service) in French, you would introduce the request with **je voudrais** + infinitive 'I would like to . . .' (literally, 'I would wish, want')

Je voudrais prendre un rendez-vous.
I'd like to make an appointment.

Je voudrais louer une voiture.
I would like to hire a car.

Je voudrais parler à . . .
I'd like to speak to . . .

Je voudrais acheter un poste de télévision.
I would like to buy a television set.

Je voudrais me renseigner sur ...
I'd like to have information about ... (literally, 'to inform myself')

Je voudrais réserver une chambre.
I'd like to book a room.

You can also say **j'aimerais** (from **aimer** 'to like, to love'), especially in more informal and personal contexts, or where there is an element of wishful thinking:

J'aimerais essayer cette robe.
I'd like to try on that dress.

J'aimerais voir l'Italie.
I'd like to see Italy.

J'aimerais aller en safari.
I'd love to go on safari.

J'aimerais jouer au golf.
I would like to play golf.

Try it! Essayez-le! *(4)*

Can you combine the elements below to make at least eight meaningful sentences?

	acheter	sur les gîtes ruraux
	louer	les Alpes du sud
Je voudrais	prendre	une chambre pour deux personnes
	jouer	un weekend à Paris
	visiter	un lit de deux personnes
J'aimerais	me renseigner	un camping-car pour 8 jours
	réserver	un rendez-vous
	passer	du violoncelle

Dates and calendar

In common with the days of the week, the names of the months do not have capital letters. Dates are expressed using the cardinal numbers ('three', 'twenty-five', etc.) not the ordinal numbers ('third', 'twenty-fifth', etc.), the only exception being the first of the month, which is **le premier**.

le 2 janvier (le deux janvier)	2nd January
le 8 février (le huit février)	8th February

le 10 mars
le 14 avril
le 16 mai
le 19 juin
le 20 juillet
le 23 août
le 25 septembre
le 28 octobre
le 30 novembre

le 1er décembre (le premier décembre)   1st December

Votre date de naissance, s'il vous plaît?
Your date of birth, please?
(Je suis né) le 29 janvier (mille neuf cent) quarante-six.
(I was born) on 29 January (nineteen) forty-six.

Quelle est la date aujourd'hui?
What's the date today?
Nous sommes le 23/C'est le 23.
It's the 23rd.

Nous prenons nos vacances *au mois d*e juillet.
                                    ***en* juillet**.
We take our holiday in July.

Try it! Essayez-le! *(5)*

Imagine you are making frequent trips to France this year. Give
the list of your comings and goings to a French colleague:

Je pars le _____ et je rentre le _____
I'm leaving on _____ and returning on _____

25/01–01/02
30/03–15/04
19/05–30/05
21/06–07/07
30/08–10/09
28/10–04/11
27/11–08/12

Les quatre saisons

le printemps	spring
au printemps	in the spring
l'été (masc.)	summer
en été	in the summer
l'automne (masc.)	autumn
en automne	in the autumn
l'hiver (masc.)	winter
en hiver	in the winter

... et quelques fêtes, religieuses ou civiles

En France on ne travaille pas:

1er janvier	le jour de l'an	New Year's Day
	le nouvel an	the New Year
	lundi de Pâques	Easter Monday
	à Pâques	at Easter
1er mai	Fête du travail	Labour Day
	l'Ascension	Ascension Day
	lundi de Pentecôte	Whitsun
14 juillet	Fête nationale	National Day

(anniversaire de la prise de la Bastille, début de la Révolution Française, 1789)

15 juillet	l'Assomption	Feast of the Assumption
1er novembre	la Toussaint	All Saints' Day
25 décembre	Jour de Noël	Christmas Day
	à Noël	at Christmas

6 La famille

The family

Dialogue 1

Photos de famille

Karen is a 17-year-old business studies student from Bristol. She is on a work experience visit to Lille, in the north of France, and she is staying at the home of her exchange partner, Véronique, who will be in turn visiting Karen in Bristol later in the year. Karen has brought some photographs to show Véronique

VÉRONIQUE: Ah, chouette! Tu as des photos. Fais voir!

KAREN: Alors, voilà ma famille, en vacances au Pays de Galles. Tu vois mes parents, qui s'appellent Colin et Maureen, mon frère Tim et notre chien, qui s'appelle Bruce.

VÉRONIQUE: Ils ont l'air jeunes, tes parents.

KAREN: Tu trouves? C'est peut-être parce que cette photo a déjà trois ans. Mon père a quarante-deux ans, et ma mère a deux ans de moins.

VÉRONIQUE: Et qui est cette jeune femme?

KAREN: C'est Sophie, la femme de Tim. Sur la photo elle était tout simplement sa petite copine. Tiens, voici une photo de leur mariage, l'an dernier.

VÉRONIQUE: Oui, je vois Tim et Sophie, et tes parents. Et cette dame, c'est qui?

KAREN: C'est la mère de Sophie. Elle est veuve. Son mari est mort dans un accident il y a une dizaine d'années. Et là, derrière les jeunes mariés, tu vois nos grands-parents.

VÉRONIQUE: *Oh, great! You've got some photos. Let me see!*

KAREN: *Well now, that's my family, on holiday in Wales. You can see my parents, whose names are Colin and Maureen, my brother Tim and our dog, whose name is Bruce.*

VÉRONIQUE: *Your parents do look young!*

KAREN: *Do you think so? Perhaps it's because this photograph is already three years old. My father is forty-two, and my mother is two years younger.*

VÉRONIQUE: *And who is that young woman?*

KAREN: *That's Sophie, Tim's wife. At the time of the photo she was just his girlfriend. Look, here's a picture of their wedding last year.*

VÉRONIQUE: *Yes, I can see Tim and Sophie, and your parents. Who is this lady?*

KAREN: *That's Sophie's mother. She's a widow. Her husband died in an accident about ten years ago. And behind the newly-weds you can see our grandparents.*

Language points

Asking and answering questions about people

Qui est cette dame?/Cette dame, c'est *qui*?
Who is that lady?

Qui/Qui est-ce qui joue avec le chien? (qui – subject of **joue**)
Who is playing with the dog?

Qui est-ce que je vois là, derrière tes parents? (que – object
of **je vois**)
Who can I see there, behind your parents?

Qu'est-ce que ton père fait dans la vie? / *Que* fait ton père
dans la vie?
What does your father do for a living?

Qu'est-ce que vous faites sur la photo? / *Que* faites-vous ...?
What are you doing in the photo?

Try it! Essayez-le! *(1)*

Qui est-ce qui ... or Qui est-ce que ...?

_____ boit un coca?
_____ habite ici?
_____ tu emmènes en ville?
_____ a un frère qui s'appelle Tim?
_____ vous conduisez à l'hôtel?

Pointing out people and things

Qui est *ce* jeune homme sur la photo? Et *cette* femme, c'est qui?
Who is *this/that* young man in the photo? And who's *this/that*
woman?

Tu ne connais pas *ces* personnes. Ce sont des amis.
You don't know *these* people. They're friends of mine.

ce **monsieur**	*this* gentlemen, *that* gentleman
cet **homme**	*this* man, *that* man (**cet** before a masculine noun beginning with a vowel or mute **h**)
cette **femme**	*this* woman, *that* woman
ces **enfants**	*these* children, *those* children

In English the demonstrative adjective has two forms in both singular and plural, 'this/that, these/those'. In French, the demonstrative adjective does not make this distinction. Where it is essential to contrast 'this' and 'that', the French add -ci and -là to the noun:

> **Cette table-ci est réservée? Et cette table-là, elle est libre?**
> This table is reserved? And is that table free?

Talking about one's family – expressing belonging

The simplest way to express belonging or ownership in French is to use **de**:

> **Sophie est la femme de Tim.**
> Sophie is Tim's wife.

> **Voici la mère de Sophie.**
> Here is Sophie's mother.

> **Je vois souvent la voiture de Marianne.**
> I often see Marianne's car.

Attention!

There is no equivalent in French of the use of the apostrophe in 'Tim's wife' etc.

Try it! Essayez-le! *(2)*

Look at the two photos. See how many possessive statements you can make about the people depicted, following this model:

> Tim, c'est le frère de Karen.
> Tim et Karen, ce sont les enfants de Colin et Maureen.

A vous, maintenant! Now over to you!

Expressing belonging by using possessives

mon **père**	*my* father
mon beau-père	my father-in-law
mon grand-père	my grandfather
mon frère	my brother

mon beau-frère	my brother-in-law
mon oncle	my uncle
mon mari	my husband
mon fils	my son
mon cousin	my cousin (masc.)
mon petit-fils	my grandson
mon neveu	my nephew
ma **mère**	*my* mother
ma belle-mère	my mother-in-law
ma grand'mère	my grandmother
ma sœur	my sister
ma belle-sœur	my sister-in-law
ma tante	my aunt
ma femme	my wife
ma fille	my daughter
ma cousine	my cousin (fem.)
ma petite-fille	my grand-daughter
ma nièce	my niece
mes **parents**	*my* parents
mes beaux-parents	my parents-in-law
mes grands-parents	my grandparents
mes frères et sœurs	my brothers and sisters
mes enfants	my children
mes petits-enfants	my grandchildren

Thus the word for 'my' has three forms in French:

mon studio	**mon** before a masculine singular noun
ma voiture	**ma** before a feminine singular noun
mes frères	
mes sœurs	**mes** before all plural nouns, masculine or feminine
mes enfants	

Attention!

Ma is replaced by **mon** before a vowel or mute **h**:

> *mon* **adresse** (fem.) *my* address   *mon* **histoire** (fem.) *my* story

Our, your

The pattern is slightly different, and simpler:

notre **fils**	*our* son	}	**notre** before all singular nouns
notre **fille**	*our* daughter		
nos **enfants**	*our* children		**nos** before all plural nouns
votre **fils**	*your* son		
votre **fille**	*your* daughter		
vos **enfants**	*your* children		

If you need to use the **tu** form:

ton **fils**
ta **fille**   } follows pattern of **mon, ma, mes**
tes **enfants**

Try it! Essayez-le! *(3)*

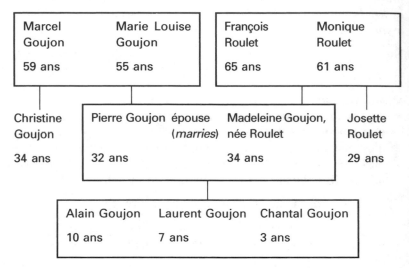

| Marcel Goujon | Marie Louise Goujon | | François Roulet | Monique Roulet |
| 59 ans | 55 ans | | 65 ans | 61 ans |

Christine Goujon — Pierre Goujon épouse (*marries*) Madeleine Goujon, née Roulet — Josette Roulet

| Christine Goujon | Pierre Goujon épouse (*marries*) | Madeleine Goujon, née Roulet | Josette Roulet |
| 34 ans | 32 ans | 34 ans | 29 ans |

| Alain Goujon | Laurent Goujon | Chantal Goujon |
| 10 ans | 7 ans | 3 ans |

Vous êtes Alain. Qui est Chantal?
                     Madeleine?
                     Marcel?
                     Josette?
           Et Christine Goujon, c'est votre mère?

Vous êtes Madeleine. Qui est Laurent?
                       Pierre?
                       Monique?
                       Josette?
           Et Chantal, c'est votre nièce?

Vous êtes Christine. Qui sont Marcel et Marie-Louise?
François et Monique?
Et Alain et Laurent, ce sont vos fils?

Vous êtes François et Monique. Qui est Josette?
Qui sont Alain, Laurent et
Chantal?

Dialogue 2

Etre grand'mère

*Marie-Louise Goujon (see the family tree) is retiring from her job
as head of a primary school in Toulouse. Here she talks to Nicole,
a young teacher in her first year in the school*

NICOLE: Mais qu'est-ce que vous allez faire maintenant?
Vous êtes si dynamique, je ne vous vois pas vivre
la vie d'une retraitée.

MARIE-LOUISE: Je vais d'abord consacrer plus de temps à ma
famille. Après tout, je vois mes élèves plus souvent que mes petits-enfants! Pierre et Madeleine
– c'est mon fils et ma belle-fille – sont installés à
Bruxelles avec leurs trois enfants, et j'ai l'intention
d'aller les voir plus souvent maintenant.

NICOLE: Quel âge ont-ils, leurs enfants?

MARIE-LOUISE: Ma petite-fille, Chantal, a trois ans. Elle est
mignonne – les cheveux blonds, avec de grands
yeux bleus – et elle a le tempérament très calme.
Ses deux frères, Alain et Laurent, ont dix ans et
sept ans. Alain est grand pour son âge, déjà sportif
et très bruyant. Son frère est plus doux et plus
affectueux.

NICOLE: Et votre fils, qu'est-ce qu'il fait dans la vie?

MARIE-LOUISE: Pierre? Il est journaliste. Il travaille pour une
agence internationale de presse. Sa femme,
Madeleine, travaille à mi-temps pour la
Commission Européenne.

NICOLE: Et vous n'avez pas d'autres enfants?

MARIE-LOUISE: Si, j'ai une fille, Christine, qui a trente-quatre ans.
Elle est institutrice, comme sa mère!

NICOLE:	*So what are you going to do now? You're so dynamic, I can't see you leading a life of retirement.*
MARIE-LOUISE:	*First of all I'm going to give more time to my family. After all, I see my pupils more often than I see my grandchildren! Pierre and Madeleine – my son and daughter-in-law – are based in Brussels with their three children, and I intend to go and see them more often now.*
NICOLE:	*How old are their children?*
MARIE-LOUISE:	*My grand-daughter, Chantal, is three. She is lovely – blond hair, big blue eyes – and she has a very calm disposition. Her two brothers, Alain and Laurent, are ten and seven. Alain is tall for his age, keen on sport already and very noisy. His brother is gentler and more affectionate.*
NICOLE:	*What does your son do for a living?*
MARIE-LOUISE:	*Pierre? He's a journalist. He works for an international press agency. His wife, Madeleine, works part-time for the European Commission.*
NICOLE:	*And you don't have any other children?*
MARIE-LOUISE:	*Yes, I have a daughter, Christine, who is thirty-four. She's a primary-school teacher, like her mother!*

Language points

Did you notice? Avez-vous remarqué?

After negative questions, 'Yes' is **Si**, not **Oui**, and is often emphatic:

Ta mère n'est pas là? *Si,* **elle est là.**
Isn't your mother there? *Yes*, she's here.

Vous n'aimez pas vos frères? Mais *si***!**
You don't like your brothers? *Yes*, of course I do!

Possessives: his, her, their

son **programme**	*his* programme, *her* programme, *its* programme
sa **valeur**	*his* value, *her* value, *its* value
ses **économies**	*his* savings, *her* savings, *its* savings

Attention!

Like **ma** and **ta**, **sa** becomes **son** before a vowel or mute **h**:

son **adresse**	*his*, *her*, *its* address
son **histoire**	*his*, *her*, *its* story

Did you notice?

In English the words 'his' and 'her' tell us the gender of the possessor (*his* **book**, *her* **toothbrush**). In French you cannot tell the gender of the 'possessor' from the words **son, sa, ses**, because they agree instead with the gender of the person or thing possessed. You have generally to rely on the context to tell you the gender of the 'possessor':

Pierre arrive à *sa* destination à huit heures.	(*his* destination)
Madeleine arrive à *sa* destination à midi.	(*her* destination)
Le train arrive à *sa* destination à sept heures douze.	(*its* destination)

Try it! Essayez-le! *(4)*

Laurent est le fils de Madeleine.
Et Chantal?   C'est sa fille.
Et Josette?   C'est _____
Et Pierre?
Et Christinc?
Et Monique et François?

Pierre est le fils de Marcel.
Et Christine?   C'est sa fille.
Et Marie-Louise?
Et Madeleine?
Et les trois enfants?

Possessives leur, leurs 'their'

leur **fils**, *leur* **fille**	**leur** before a singular noun, masculine or feminine
leurs **neveux**, *leurs* **nièces**	**leurs** before a plural noun, masculine or feminine

Pierre et Madeleine aiment beaucoup *leur* vie à Bruxelles.
Pierre and Madeleine love *their* life in Brussels.

Les grands-parents adorent *leurs* petits-enfants.
The grandparents adore *their* grandchildren.

Try it! Essayez-le! *(5)*

Here's a memory test of your recollections of the dialogues from recent lessons. Can you join up the two halves of the following sentences so as to make correct statements about the people mentioned? You will need also to put in the appropriate form of the possessive:

Bob et Sylvia vont visiter . . .
Marianne prend . . .   voiture pour aller au bureau
Laurent ne voit pas souvent . . .   famille en vacances
Dominique adore . . .   école maternelle
Karen a une photo de . . .   amis à Strasbourg
Et vous, Maurice, votre   amis
   distraction principale, c'est . . .   grands-parents qui habitent
Nous jouons au bridge une   Toulouse
   fois par semaine avec . . .   violoncelle

Talking about one's age

Quel âge avez-vous? / Vous avez quel âge?
How old are you?

J'ai vingt-deux ans.
I'm twenty-two.

Marcel, quel âge a-t-il? / Il a quel âge, Marcel?
How old is Marcel?

Il est plus âgé / plus jeune que moi.
He is older/younger than I am.

Try it! Essayez-le! *(6)*

Who are you? **Qui êtes-vous?** By referring back to the family tree, guess who we're talking about in each case:

Il est plus jeune que sa soeur.
Leur belle-fille a 34 ans.

Ses frères sont plus âgés qu'elle.
Son beau-frère a trois ans de plus qu'elle.
Leur père a 65 ans.

7 Faire ses courses

Doing the shopping

Dialogue 1

Au supermarché

*Pierre and Madeleine Goujon are on a family visit with their children
to see their parents in Toulouse. Here, Pierre and Madeleine go with
Pierre's mother to do some last-minute supermarket shopping*

MARIE-LOUISE: Voyons, qu'est-ce qu'il y a sur ma liste? Ah oui,
j'ai noté le beurre, mais il nous faut aussi du lait
demi-écrémé, de la crème fraîche, du pain, de la
margarine et des yaourts.

PIERRE: Si tu veux, moi je vais chercher les choses lourdes.
Est-ce qu'il nous faut du vin, par exemple?

MARIE-LOUISE: Oui, notre rouge habituel, et aussi de la bière et
de l'eau – six bouteilles de Badoit. Et pourrais-tu
en même temps me chercher une bouteille d'huile
d'olive et des ampoules 60 watts?

MADELEINE: Je peux aider? Donne-moi la liste et je note les
choses qui ne sont pas cochées. Voyons: du sucre,
du café; de la moutarde, des biscuits apéritifs, des
chips et du papier toilettes. C'est tout? Tu n'as
pas besoin de choses congelées?

```
beurre ✓      sucre
café          biscuits apéritifs
vin ✓         moutarde
chips         papier toilettes
Badoit ✓      huile d'olive ✓
ampoules 60 watt ✓  bière ✓
```

MARIE-LOUISE:	Ah, si – il nous faut de la glace vanille. Merci de me l'avoir rappelé!
PIERRE:	Bon, moi, je vais prendre un deuxième caddy, pour les bouteilles, etc. On se retrouve à la caisse, d'accord?
MARIE-LOUISE:	D'accord, à tout à l'heure!

MARIE-LOUISE:	*Let's see, what is there on my list? Oh, yes, I've put down butter, but we also need semi-skimmed milk, fresh cream, bread, margarine and some yoghurts.*
PIERRE:	*If you like, I'll fetch the heavy things. Do we need any wine, for instance?*
MARIE-LOUISE:	*Yes, our usual red wine, and also beer and water – six bottles of Badoit. Could you at the same time get me a bottle of olive oil and some 60-watt light bulbs?*
MADELEINE:	*Can I help? Give me the list and I'll make a note of the things that aren't ticked. Let's see: sugar, coffee, mustard, aperitif biscuits, crisps and toilet paper. Is that everything? You don't need anything frozen?*
MARIE-LOUISE:	*Oh, yes – we need vanilla ice-cream. Thanks for reminding me!*
PIERRE:	*Right, I'm going to fetch a second trolley, for the bottles, etc. We'll meet at the check-out, right?*
MARIE-LOUISE:	*Right, see you later!*

Language points

Listing your shopping needs

To say what you need in French, you can use either the impersonal verb **il faut** (infinitive **falloir**) or the verbal expression **avoir besoin de . . .** You are likely to hear or use these expressions when thinking about what you need to buy:

Il me faut **une bouteille d'eau de Javel.**
I need a bottle of bleach.

Il nous faut **du beurre.**
We need some butter.

*J'ai besoin d'***une ampoule cent watts.**
I need a 100-watt bulb.

Nous avons besoin de **céréales.**
We need some cereals.

Literally, **il faut** means 'it is necessary'. The verb can only be used with the impersonal subject pronoun **il**. The idea of 'we need', 'I need', etc. is therefore conveyed by adding the indirect object pronoun **nous** or **me** as in the examples.

Avoir besoin de means literally 'to have need of'.

To list the items you need you will use *either* the already familiar indefinite article **un**, **une**, **des** *or* the partitive article **du**, **de la**, **de l'**, meaning 'some, any'.

Il me faut *un* **melon,** *une* **laitue, et** *des* **radis.**
I need a melon, a lettuce and some radishes.

Il me faut *du* **café.**   **du** before a masculine noun
(some) coffee

     de la **moutarde.** **de la** before a feminine noun
     (some) mustard

     *de l'***eau.**   **de l'** before all nouns starting with
     (some) water   a vowel or mute **h**

     *de l'***huile.**
     (some) oil

Try it! **Essayez-le!** *(1)*

Fill in the spaces:

Il me faut _____ lait, _____ vin rouge, _____ papier toilettes, _____ bière, _____ crème fraîche, _____ eau et _____ huile

Using **il me faut**, try saying you need the following:

butter, margarine, sugar, coffee, olive oil

Then say you also need:

biscuits, crisps, a light bulb and a melon

The shelves in supermarkets are organised in the same way in France as in other countries. Can you list in groups the items that are likely to be found near each other on the shelves?

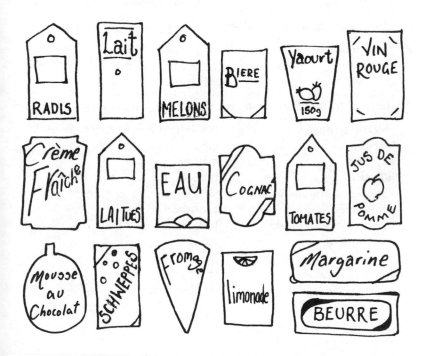

Supermarchés et hypermarchés

Hypermarkets (which are bigger versions of supermarkets) are now widespread in France, generally on the outskirts of larger towns, and often in newly built retail estates signposted as **zones commerciales**.

Both supermarkets and hypermarkets frequently incorporate also a petrol/diesel filling station, where prices tend to be lower than in roadside filling stations.

Trolleys often have to be 'hired' with a 10 franc coin, returnable after use.

To ask for help in finding something, say one of the following to an assistant:

Pardon, je cherche la moutarde.
Excuse me, I'm looking for the mustard.

Vous pouvez m'indiquer le rayon des vins, s'il vous plaît?
Can you direct me to the wine section, please?

Useful supermarket vocabulary:

en promotion	on special offer
en réclame	on special offer
en solde	sale price

Labels on different supermarket sections:

électro-ménager	household electrical products
bricolage	DIY
papeterie	stationery
librairie	books
vêtements homme/femme	men's/women's clothing
chaussures	footwear
boucherie/charcuterie	butcher's/pork butcher's
boulangerie	baker's
jardinage	gardening
fruits et légumes	fruit and vegetables
aliments chats/chiens	cat/dog food

Dialogue 2

Au marché

Although Marie-Louise does much of her shopping in the super-market, she prefers to shop for fresh fruit, vegetables, fish and local farm produce in the local twice-weekly street market. We join her as she shops at a fruit and vegetable stall

MARCHAND: C'est à vous, madame?
MARIE-LOUISE: Oui. Un kilo de poires, s'il vous plaît ... et je prends aussi une barquette de framboises.
MARCHAND: Et avec ceci?
MARIE-LOUISE: Une livre de tomates ... et deux ou trois cents grammes de champignons. Donnez-moi aussi une botte de radis, s'il vous plaît.
MARCHAND: Voilà, madame. Et avec ceci?
MARIE-LOUISE: Vous n'avez pas de pêches blanches?
MARCHAND: Non, madame, c'est fini.
MARIE-LOUISE: Alors, c'est tout.
MARCHAND: Ça fait trente-neuf francs cinquante, madame. *(Marie-Louise lui donne un billet de 50 francs.)* Alors trente-neuf cinquante ... quarante ... et cinquante. Merci, madame, bonne journée!

STALLHOLDER: *Are you next, madame?*
MARIE-LOUISE: *Yes. A kilo of pears, please ... and I'll take a small basket of raspberries as well.*
STALLHOLDER: *What else can I get you?*
MARIE-LOUISE: *A pound of tomatoes ... and two or three hundred grams of mushrooms. Can you give me a bunch of radishes too, please?*
STALLHOLDER: *There you are, madame. Anything else?*
MARIE-LOUISE: *You haven't any white-fleshed peaches?*
STALLHOLDER: *No, they're finished.*
MARIE-LOUISE: *That's all then.*
STALLHOLDER: *That comes to thirty-nine francs fifty, madame.* (Marie-Louise gives him a fifty franc note.) *Thirty-nine francs fifty ... forty francs ... fifty francs. Thank you, madame, have a good day!*

Language points

Talking about quantities

When you want to specify by weight or volume:

Je voudrais	un kilo de ...
	un demi-kilo/une livre de ...
	cent grammes de ...
	un litre de ...

A kilogram (1,000 grams) is approximately 2.2 lbs. Half a kilo (500 grams) is often called **une livre** 'a pound', in French – a reminder that before the metric system was introduced two centuries ago the French language used words equivalent to *pound, ounce, inch* and *foot*.

You will find the following useful too:

une tranche de pâté	a slice of pâté
un morceau de pizza	a piece of pizza
une bouteille de Badoit	a bottle of Badoit water
une boîte de camembert	a box of Camembert cheese
une boîte de cœurs d'artichauts	a tin of artichoke hearts
un paquet de biscuits	a packet of biscuits
un bouquet d'iris	a bunch of irises
une botte de radis	a bunch of radishes
un plateau de pêches jaunes	a tray of yellow-fleshed peaches
une barquette de fraises	a small basket of strawberries

Did you notice?

Expressions of quantity in French are generally followed by **de**. As you will see from the examples listed above, the **de** in French is often matched by the word **of** in the English equivalent. But not always – so be careful:

Combien de melons?	How many melons?
trop de pommes	too many apples
trop de lait	too much milk
assez de persil	enough parsley
un peu de crème	a little cream
beaucoup d'huile	a lot of oil

Try it! Essayez-le! *(2)*

Pick out the nonsense quantities in the following:

Je voudrais   **un demi-kilo de tomates.**
cent grammes de pommes de terre.
deux litres de parfum.
un plateau de lait.
une boîte de sardines.
un paquet de chips.
une livre de vin rouge.
un morceau de gâteau.
une tranche de bière.

Attention!

You need to remember that **pas de** is also an expression of quantity:

Je n'ai pas de pêches blanches.
I haven't any white-fleshed peaches.

Pas de problèmes sur la route?
No problems on the roads?

So the articles **un/une/des** and **du, de la, de l'** are all reduced to **de** after a negative:

J'ai *une* ampoule 60 watts, mais je n'ai *pas d*'ampoules 100 watts.
Il a *des* frères, mais il n'a *pas de* sœurs.
Il y a *de la* bière au frigo, mais il n'y a *pas d*'eau.

Try it! Essayez-le! *(3)*

Say whether or not you have each of these items in your home:

Model: **bière**   **J'ai de la bière chez moi.**
         or   **Je n'ai pas de bière chez moi.**

A vous maintenant:

Prices and money

The unit of currency in France is the franc (about 8 francs to the pound sterling in 1995). The franc is theoretically divided into 100 centimes, but in view of the low values involved, the smallest denomination of coin is now 5 centimes. The full range of denominations is:

Pièces 'coins':

5 centimes	1 franc
10 centimes	2 francs
20 centimes	5 francs
½ franc	10 francs
	20 francs

Billets 'notes':

20 francs	200 francs
50 francs	500 francs
100 francs	

une pièce de 10 francs
a ten franc piece

un billet de 100 francs
a hundred franc note

C'est combien?
How much is it?

Ça fait combien?
How much does it come to?

Ça fait vingt-deux francs dix. Vous avez les 10 centimes?
That will be twenty-two francs ten (centimes). Do you have the
ten centimes?

Non, je n'ai pas de monnaie.
No, I haven't any change.

Vous avez la monnaie de 20 francs?
Have you change for twenty francs?

Oui, j'ai deux pièces de 10 francs.
Yes, I've got two ten-franc coins.

Try it! Essayez-le! *(4)*

C'est combien? Try saying the following prices. Then – on your
own or with a partner – write down some more figures and repeat
the process. You can't get too much practice with figures!

17,50 francs   2,50 francs
4,80 francs   150 francs
25 francs

Un disque compact coûte 132 francs. Vous donnez un billet de
200 francs. Quelle est la monnaie?
Un kilo de pêches coûte 13,50 francs. Vous donnez 15 francs.
Quelle est la monnaie?

8 A l'agenda

In the diary

In this unit you can learn about:

- how to make travel choices and arrangements
- how to talk about things you have to do or can do
- the verbs **devoir, pouvoir, savoir, falloir**
- agreement of adjectives

Dialogue 1

Grenoble–Paris

Anne Murdoch, who we met in lesson 1, has returned to Grenoble on a number of occasions and now feels very much at home. We find her calling at a local travel agent's in Grenoble to arrange a business trip to Paris

ANNE: Je dois aller passer quelques jours à Paris la semaine prochaine. Est-ce que vous pouvez faire les réservations nécessaires pour mon voyage et pour mon hôtel?

EMPLOYÉ: Bien sûr, madame, avec plaisir. Vous voulez prendre le train ou l'avion? Vous avez le choix. L'avion est plus rapide que le train, mais il coûte plus de deux fois plus cher en semaine. Quand est-ce que vous voulez partir?

ANNE: Mardi prochain. A l'aller, je dois être à Paris pour une réunion à deux heures et demie.

EMPLOYÉ: Voyons ... vous pouvez prendre un TGV, départ de Grenoble à 10h30, qui arrive à Paris à 13h40. Ou bien il y a un vol Air Inter qui part à 10h55 et

Numéro de train	5786	54700	58586	900	54702	6606/7	57160
Notes à consulter	1	2	3	4 TGV	5	6	7
Grenoble	D		04.28		05.46			
Voiron	D							
Rives	D							
Le Grand-Lemps	D							
St-André-le-Gaz	D		05.03	05.09		05.37		
La Tour-du-Pin	D		05.08			05.42		
Bourgoin-Jallieu	D		05.19			05.54		
Chambéry-Chal.-les-Eaux	D							
Satolas TGV	D							
Lyon-Perrache	A	00.22	05.58			06.35	06.43	06.40
Lyon-Part-Dieu	A						06.50	
Le Creusot-TGV	A							
Dijon-Ville	A						08.35	09.14
Massy	A	02.15						
Paris-Gare-de-Lyon	A	05.51			08.45			

Numéro de train	904	5656/7	618	914	5192	5458	58574/5	5460	5898	658	54720	620
Notes à consulter	21 TGV	22	23	24 TGV	25	14	14	5	26	20 TGV	27	20 TGV
Grenoble	10.30	10.00				10.15	10.42					
Voiron				12.12		10.30	10.59	12.24				
Rives							11.06					
Le Grand-Lemps							11.13					
St-André-le-Gaz							11.31					
La Tour-du-Pin							11.37					
Bourgoin-Jallieu						11.08	11.47					
Chambéry-Chal.-les-Eaux					11.03							
Satolas TGV		11.41									12.49	
Lyon-Perrache			11.49					12.50	13.19		13.29	13.48
Lyon-Part-Dieu			11.56	12.37		11.35		13.38	13.04	13.26		13.55
Le Creusot-TGV												
Dijon-Ville					13.55							
Massy												
Paris-Gare-de-Lyon	13.40		14.02	15.16	16.41					15.32		16.02

1. Circule les 2 jan, 25, 26 fév, 4 et 5 mars. Arrivée à Paris-Bercy. Places couchées uniquement [couchette]
2. Circule tous les jours sauf les sam, dim et fêtes. [vélo]
3. Circule du 28 mars au 21 avr les mar, mer, jeu, ven sauf le 18 avr
4. Circule tous les jours sauf les sam, dim et fêtes et sauf le 31 oct- [1] 1re CL assuré certains jours [vélo]
5. Circule tous les jours sauf les dim et fêtes- [vélo]
6. Circule tous les jours sauf les dim et sauf les 17 avr, 1er et 8 mai- [couchette] assuré certains jours. [vélo]
7. Circule tous les jours sauf les sam dim et fêtes

Nota : L'office de tourisme de Paris assure l'information touristique la réservation hôtelière la vente de cartes musées transport téléphone

24. Circule du 17 déc au 1er avr les sam- [couchette] [vélo]
25. Circule les 25, 26 fév, 4 et 5 mars- [vélo]
26. Circule tous les jours sauf les ven et sauf les 10 nov et 24 mai. Circule les 11 nov et 26 mai- 2e CL- AUTOCAR
27. Circule tous les jours sauf les dim et fêtes
28. [couchette] [vélo]
29. Circule jusqu'au 23 déc- tous les jours du 25 déc au 17 mars- tous les jours sauf les sam. Circule à partir du 18 mars- tous les jours. [vélo]
30. Circule du 24 déc au 11 mars- les sam- [vélo]
31. Circule les 21, 23, 24 déc, 11, 18, 25 fév et 4 mars- [vélo]
32. Circule les 24, 31 déc, 11, 18 et 25 fév- [couchette] [vélo]

Courtesy of French Railways (SNCF)

qui arrive à Orly à 11h50. Evidemment il faut compter aussi le temps d'aller de l'aéroport jusqu'à Paris, mais vous pouvez être sûre d'arriver à Paris pour une heure de l'après-midi, par exemple.

ANNE: Et la différence de prix est importante?

EMPLOYÉ: L'aller-retour par le TGV en seconde fait autour de 650 francs. Si vous devez rentrer à Grenoble avant le weekend, le billet d'avion vous coûtera 1,740 francs ...

ANNE: Ah non, c'est trop, je ne peux pas payer ça!

EMPLOYÉ: ... mais si vous passez la nuit du samedi à Paris, vous pouvez avoir un vol aller-retour super APEX pour 550 francs.

ANNE: C'est pas possible! Dans ce cas-là je peux très facilement m'arranger pour rester à Paris jusqu'à dimanche. Après tout, je ne dois pas me priver des plaisirs de la capitale!

ANNE: *I have to go to Paris for a few days next week. Can you make the necessary reservations for my journey and hotel?*

TRAVEL AGENT: *Of course, it will be a pleasure. Would you wish to travel by train or by air? The choice is yours. By air it's quicker than by train, but it costs more than twice as much during the week. When do you want to go?*

ANNE: *Next Tuesday. On the outward journey I have to be in Paris for a meeting at half past two.*

TRAVEL AGENT: *Let me see ...* you can go by TGV (high speed train) *leaving Grenoble at 10.30, arriving in Paris at 13.40. Or there's an Air Inter flight leaving at 10.55 and arriving at Orly at 11.50. Obviously you have to allow the time to get from the airport into Paris, but you can be sure of getting to Paris for, say, 1 p.m.*

ANNE: *Is there a big difference in price?*

TRAVEL AGENT: *A second class return by TGV will cost around 650 francs. If you have to be back in Grenoble by the weekend, the air ticket will cost you 1,740 francs.*

ANNE: *Oh, no, that's too much, I can't pay that price!*

TRAVEL AGENT: *... but if you stay over Saturday night in Paris, you can have a Super-Apex ticket for 550 francs.*

ANNE: *That's incredible! In that case I can easily arrange to stay in Paris until Sunday. After all, why should I be deprived of the delights of the capital city?*

Language points

Saying what you can do

To say what you *can* do, use one of the forms of the present tense of **pouvoir**, followed by an infinitive:

Je peux **prendre le train.**	*I can* take the train.
Tu peux **partir avec moi.**	*You can* go with me.
Il/elle peut **rester ici.**	*He/she can* stay here.
Nous pouvons **voyager ensemble.**	*We can* travel together.
Vous pouvez **prendre l'avion.**	*You can* take the plane.
Ils/elles peuvent **tout payer!**	*They can* pay for everything!

To say you *can't* do something:

Je ne peux pas **prendre le train.**
etc.

Attention!(1)

The second part of **pouvoir** sentences is often not stated, but understood:

Vous pouvez payer? Non, je ne peux pas! [payer]

Attention! (2)

In English we use the word 'can' to mean also 'to know how to'. In French a different verb, **savoir**, is used for this:

Je sais **nager**	*I can* swim.
Est-ce que *tu sais* **lire?**	*Can you* read?
Il/elle sait **faire du ski.**	*He/she can* ski.
Nous savons **danser.**	*We can* dance.
Vous savez **monter à cheval?**	*Can you* ride a horse?
Ils/elles savent **faire la cuisine.**	*They can* cook.

So, for example:

Je ne *sais* pas conduire. I *can't* drive. (I don't know how)
Je ne *peux* pas conduire. I *can't* drive (e.g. I've been drinking, *or* I've lost my spectacles, *or* I'm not allowed to, *etc.*)

Try it! Essayez-le! *(1)*

Fill the gaps, using the appropriate form of **pouvoir** or **savoir**:

Vous _____ arriver vers 2 heures?
Elle _____ très facilement rentrer dimanche.
Tu _____ danser le tango?
Elle _____ téléphoner demain?
Est-ce que Anne Murdoch _____ conduire?
Je ne _____ pas faire une omelette.
Je ne _____ pas payer 500 francs.
Est-ce que vous _____ réparer un poste de télévision?

Superbébé! Vrai ou faux?

Un enfant de trois ans
sait lire.
peut voter.
sait marcher.
sait compter jusqu'à dix.
peut être grand-père.
peut manger dans un restaurant.
sait parler.
sait conduire.
peut louer un camping-car.
sait écrire.

Saying what you have to do

To say what you *have to* do or *must* do, use one of the forms of the present tense of **devoir**, followed by an infinitive:

Je dois **aller à Paris lundi.**
I have to go to Paris on Monday.

Tu dois **rester à Grenoble.**
You must stay in Grenoble.

Il/elle doit **prendre un aller–retour.**
He/she must get a return ticket.

Nous devons **partir avant midi.**
We have to leave before twelve noon.

Vous devez **réserver votre hôtel.**
You must book your hotel.

Ils/elles doivent **louer une voiture.**
They have to hire a car.

As in the English use of 'must', the verb **devoir** is used to express not only obligation, but also supposition:

Tu dois être épuisé!
You must be exhausted!

Try it! Essayez-le! *(2)*

Make your excuses!

Model:
A: Tu veux aller au cinéma ce soir?
B: Je ne peux pas, je dois travailler.

A vous, maintenant:
A: Vous voulez jouer au golf demain?
B: Je ne peux pas, _____ (*say you've got to go to Paris*)
A: Tu veux manger avec moi?
B: Je ne peux pas, _____ (*say you've got to go to the office*)
A: Tu veux téléphoner ce soir?
B: Je ne peux pas, _____ (*say you've got to eat with friends*)
A: Voulez-vous danser?
B: Je ne peux pas, _____ (*say you've got to go and telephone*)

Ticket to ride

You will find the following useful at the information desk (**renseigements**) or the ticket office (**le guichet**):

Je voudrais des renseignements sur les trains pour Marseille.
I would like information about trains to Marseille.

Je dois arriver à Marseille à deux heures au plus tard.
I have to arrive in Marseille by two o'clock at the latest.

A quelle heure est-ce que je dois partir?
What time do I need to leave?

Il faut combien de temps pour aller de Paris à Marseille par le TGV?
How long does it take to go from Paris to Marseille by TGV?

Le train de Marseille, c'est quelle voie?
The Marseille train, what platform is it? (literally, 'what track is it?')

Je voudrais	**un aller simple/un aller-retour.**
I would like	a single ticket/a return ticket.
	première classe/seconde classe.
	first class/second class.
	fumeur/non fumeur.
	smoking/non-smoking

Try it! Essayez-le! *(3)*

Here are some sample journeys by SNCF (French railways: Société Nationale des Chemins de Fer Français):

Vous êtes à	Paris, Gare du Nord	Paris, Gare de Lyon	Paris, Gare d'Austerlitz	Paris, Gare de l'Est
Vous allez à	Lille	Grenoble	Bordeaux	Nancy
Vous devez arriver quand?	10h30	18h00	15h30	12h00
Durée du trajet (journey time)	1 heure (TGV)	3 heures (TGV)	3–3½ heures (TGV)	3 heures
Départ à	09h15	14h36	11h40	09h01
Arrivée à	10h15	17h41	14h55	11h47
Billet	Aller-retour, première	Aller simple, seconde	Aller-retour, seconde	Aller simple, première

Working with a partner if possible,

Say you want information about trains to the places indicated.
Ask how long it takes to get there.
Say you need to be there by the time indicated and ask what time you have to leave.
Buy a ticket as indicated.

Dialogue 2

Projets de dimanche

Jacqueline and Maurice Callot are deciding how to spend their Sunday

MAURICE: Demain c'est dimanche. Qu'est-ce qu'on va faire?

JACQUELINE: J'aimerais bien faire une promenade en montagne. J'ai besoin de respirer de l'air frais. Ça t'intéresse? On peut faire ce joli circuit autour du village de St Martin la Roche. C'est une promenade facile et pittoresque. Les montées et les descentes ne sont pas trop raides, et il y a la vieille auberge à mi-chemin où on peut manger à midi.

MAURICE: Si on va rouler en montagne, je dois vérifier la voiture. Il y a des endroits où la route est étroite et dangereuse. Je ne veux pas prendre de risques.

JACQUELINE: Mais qu'est-ce que tu racontes là!? On a une voiture neuve qui a un moteur puissant et des freins excellents. Moi, je peux toujours conduire si tu n'y tiens pas.

MAURICE: Tu peux si tu veux, tu me dis toujours que tu es plus prudente que moi au volant!

MAURICE: *It's Sunday tomorrow. What are we going to do?*

JACQUELINE: *I'd love to go for a walk in the mountains. I need to breathe some fresh air. Do you like the idea? We could do that pretty circuit around the village of St Martin la Roche. It's an easy and attractive walk. The climbs and descents aren't too steep, and there's that old inn half way round where we can eat at lunchtime.*

MAURICE: *If we're going to drive in the mountains, I must check the car. There are places where the road is narrow and dangerous. I don't want to take any risks.*

JACQUELINE: *Don't be silly! We have a new car with a powerful engine and excellent brakes. I can always drive if you're not keen.*

MAURICE: *You can if you like, you're always telling me you're more careful at the wheel than I am.*

Language points

Describing people and things – agreement of adjectives

As you will have seen from lesson 1 onwards, adjectives in French agree in number (singular or plural) and in gender (masculine or feminine) with the noun they describe. More often than not this means that the ending of the adjective changes, by adding an **-e** to make it feminine and an **-s** to make it plural:

Singular		*Plural*	
Masculine	Feminine	Masculine	Feminine
américain	**américaine**	**américains**	**américaines**

There are many exceptions to this basic pattern, especially among the most commonly used adjectives. Here are some examples, with the irregular forms italicised:

Singular		*Plural*	
Masculine	Feminine	Masculine	Feminine
bon	***bonne***	**bons**	**bonnes**
italien	***italienne***	**italiens**	**italiennes**
neuf	***neuve***	**neufs**	**neuves**
frais	***fraîche***	**frais**	**fraîches**
délicieux	***délicieuse***	**délicieux**	**délicieuses**
premier	***première***	**premiers**	**premières**
beau	***belle***	**beaux**	**belles**
vieux	***vieille***	**vieux**	**vieilles**

Attention!

It is worth remembering that, in terms of the differences in the spoken language:

- feminine forms are often marked by the sounding of final consonants:

grand	**gran*de***	**doux**	**dou*ce***
français	**françai*se***	**frais**	**frai*che***
intéressant	**intéressan*te***		

- adjectives ending in **-e** tend to be pronounced in the same way in all forms: **jeune/jeunes**, **possible/possibles**.

Position of adjectives

It is also generally true that adjectives directly attached to a noun *follow* the noun in French:

une voiture américaine
an American car

un dessert délicieux
a delicious dessert

une ville intéressante
an interesting town

As with agreement of adjectives, however, there are exceptions to this pattern, since some of the most commonly used adjectives *precede* the noun:

un bon repas	a good meal
un long discours	a long speech
une jolie vue	a pretty view
un beau jour	a fine day
un grand spectacle	a big spectacle, event
un jeune homme	a young man
un vieux film	an old film
un petit problème	a small problem
une grosse difficulté	a major difficulty
un nouveau train	a new train

Whether an adjective precedes or follows a noun, it still has to agree.

Try it! Essayez-le! *(4)*

Square pegs? Only one of the adjectives in brackets will fit in terms of position or agreement. Which one?

Ils ont une voiture _____ (nouveau, italienne, petite)
C'est un circuit _____ (difficile, intéressante, bon)
Je vais faire une _____ promenade (neuve, longue, facile)
J'ai un _____ problème (petit, grande, important)
Je préfère les vins _____ (rouge, australiens, françaises)
Le TGV est très _____ (nouvelle, rapides, moderne)

Try it! Essayez-le! *(5)*

Pick your own! For each of these words

(a) pick two adjectives to fill the space;
(b) invent your own sentences to include the items.

un _____ repas
un repas _____

une fille _____
une _____ fille

une promenade _____
une _____ promenade

un _____ vol
un vol _____

une journée _____
une _____ journée

un melon _____
un _____ melon

9 Au secours!

Help!

In this unit you can learn about:

- getting help when things go wrong
- forming and using the perfect tense
- recounting recent events in the past
- the perfect tense
- **venir de** as an alternative to the perfect tense

Dialogue 1

Trouvez la clé!

Monsieur Durand can't get into his hotel room, so he goes back to the reception desk

MONSIEUR DURAND: Mademoiselle, ces clés n'ouvrent pas la porte de ma chambre.

RÉCEPTIONNISTE: Vous avez essayé les deux clés, Monsieur?

MONSIEUR DURAND: Oui, bien sûr. J'ai poussé, j'ai tiré, mais ça ne marche pas.

RÉCEPTIONNISTE: Quel est le numéro de votre chambre, Monsieur?

MONSIEUR DURAND: Le 128.

RÉCEPTIONNISTE: Ah, voilà! Je vous ai donné les clés du 126! Désolée, Monsieur.

MONSIEUR DURAND: *Mademoiselle, these keys won't open the door of my room.*

RECEPTIONIST: *Have you tried both keys, sir?*

MONSIEUR DURAND: *Yes, of course. I've pushed and pulled, but it doesn't work.*

RECEPTIONIST: *What is your room number, sir?*
MONSIEUR DURAND: *128.*
RECEPTIONIST: *Ah, that's it! I gave you the keys of 126. I'm
                     very sorry!*

Language points

Recounting events: the perfect tense

The perfect tense in French covers the meaning of two different
tenses in English:

j'ai poussé	I have pushed *or* I pushed
j'ai donné	I have given *or* I gave

So when you say, **j'ai travaillé toute la matinée**, the English equivalent could be either 'I have worked all the morning' *or* 'I worked
all the morning', depending on the context.

In most cases, the perfect tense is formed by combining the
present tense of **avoir** (known here as the *auxiliary verb*) with a
form of the main verb known as the *past participle*:

   nous avons mangé   we have eaten, we ate

However, all reflexive verbs (see p. 233), and a small number of other
verbs (see p. 216) use the present tense of **être** as the auxiliary:

je me suis coupé	I've cut myself
il est sorti	he has gone out

So to form the perfect tense you will need to know

* the past participle of the verb;
* whether it takes **avoir** or **être** as auxiliary.

The past participle of regular verbs is formed by adding the
following endings to the stem of the infinitive:

Infinitive	*Stem*	*Past participle*	*Perfect tense*
essayer	**essay-**	**essayé**	**j'ai essayé**
finir	**fin-**	**fini**	**j'ai fini**
vendre	**vend-**	**vendu**	**j'ai vendu**

Here are some examples of regular perfect-tense forms:

Nous avons *parlé* français à nos invités chinois.
We *spoke* French to our Chinese guests.

Ils ont *entendu* plusieurs langues au cours de la soirée.
They *heard* several languages in the course of the evening.

Nous avons *mangé* dans un restaurant vietnamien.
We *ate* in a Vietnamese restaurant.

Nous avons *choisi* des plats très variés.
We *chose* some very varied dishes.

Try it! Essayez-le! *(1)*

Say in French which of the following things you have done this week:

Model: **Cette semaine, j'ai mangé au restaurant.**

manger au restaurant   eat in a restaurant

To say that you have not done any of the things in the list below, you simply make **j'ai** negative – **je *n'ai pas* mangé au restaurant** etc.

Over to you – **à vous maintenant!**

jouer au golf	play golf
finir mon bouquin	finish my book
regarder la télévision	watch television
visiter un musée	visit an art gallery or museum
dormir au jardin	sleep in the garden
tondre la pelouse	mow the lawn
perdre mes lunettes	lose my spectacles
acheter une revue	buy a magazine
fumer	smoke
promener le chien	take the dog for a walk

There are many verbs in French (as in English) which do not follow the regular patterns illustrated above. These include some of the most commonly used verbs, for example:

Elle a eu un accident.
She has had an accident.
(**avoir** 'to have' – **j'ai *eu*** 'I have *had*, I *had*')

Nous avons bu une eau minérale.
We drank a mineral water.
(**boire** 'to drink' – **j'ai** *bu* 'I have *drunk*, I *drank*')

Vous avez compris son dialecte?
Did you understand his dialect?
(**comprendre** 'to understand' – **j'ai** *compris*, 'I have *understood*')

Elle a toujours dit la même chose.
She has always said the same thing.
(**dire** 'to say' – **j'ai** *dit* 'I have *said*, I *said*')

J'ai écrit à mes parents.
I have written to my parents.
(**écrire**, 'to write' – **j'ai** *écrit* 'I have *written*, I *wrote*')

J'ai été deux fois aux Etats-Unis.
I've been to the United States twice.
(**être** 'to be' – **j'ai** *été* 'I have *been*')

J'ai fait une tarte aux pommes.
I've made an apple tart.
(**faire**, 'to do, make' – **j'ai** *fait*, 'I have *done*, *made*')

J'ai mis Jean-Paul à côté de toi.
I've put Jean-Paul next to you.
(**mettre** 'to put' – **j'ai** *mis* 'I have *put*')

Elle a pris le train de 8 heures.
She has taken the 8 o'clock train.
(**prendre** 'to take' – **j'ai** *pris*, 'I have *taken*, I *took*')

J'ai vu le médecin ce matin.
I've seen the doctor this morning
(**voir** 'to see' – **j'ai** *vu* 'I have *seen*, I *saw*')

For a full list of irregular forms, see pages 223–31.

Try it! Essayez-le! *(2)*

Change of routine! Complete these sentences by introducing a change from your normal routine. Follow the prompts.

Model:
Normalement, je vois mes parents tous les jours.
(today you saw your mother but not your father)
Aujourd'hui, j'ai vu ma mère mais je n'ai pas vu mon père.

1 **Normalement, je prends le train de sept heures trente.**
  (today you took the 8 o'clock train)
2 **Normalement, j'ai une place assise dans le train.**
  (today you didn't get a seat)
3 **Normalement, je prends un café en arrivant.**
  (today you had tea with lemon – **un thé citron**)
4 **Normalement, je n'ai pas beaucoup de travail.**
  (today you have had a lot of work)
5 **Normalement, je fais huit heures au bureau.**
  (today you did two hours' overtime – **deux heures supplémentaires**)

Dialogue 2

Trouvez le petit déjeuner!

Monsieur Durand is still having problems at his hotel the morning after his arrival. He telephones the hotel restaurant

MONSIEUR DURAND: Allô, c'est bien le restaurant? Bonjour, Mademoiselle. J'ai demandé un petit déjeuner dans ma chambre, mais il n'est pas arrivé.

EMPLOYÉE: Désolée, monsieur, mais je n'ai rien de noté pour la chambre 128.

MONSIEUR DURAND: Mais ce n'est pas possible! Je suis passé à la réception hier soir, et puis je suis redescendu vers minuit pour être sûr. La réceptionniste l'a noté, je l'ai vue faire.

EMPLOYÉE: Si vous voulez me dire ce que vous avez commandé, je m'en occuperai tout de suite, monsieur.

MONSIEUR DURAND: J'ai demandé mon petit déjeuner habituel – jus d'orange, café au lait, et un croissant.

EMPLOYÉE: Ce sera fait immédiatement, monsieur, avec toutes nos excuses.

MONSIEUR DURAND: Merci. Vous savez, je suis très pressé. Je viens d'avoir un coup de fil qui m'oblige à partir dans un quart d'heure.

MONSIEUR DURAND: *Hello, is that the dining room? Good morning. I ordered breakfast in my room, but it hasn't arrived.*

WAITRESS: *Sorry, sir, but I've got nothing noted down for room 128.*

MONSIEUR DURAND: *But that's impossible! I called at reception yesterday evening, and I went down again about midnight to make sure. The receptionist made a note of it, I saw her do it.*

WAITRESS: *If you wouldn't mind telling me what you ordered, I'll deal with it straight away.*

MONSIEUR DURAND: *I asked for my usual breakfast – orange juice, coffee with milk and a croissant.*

WAITRESS: *It will be done straight away, sir, and please accept our apologies.*

MONSIEUR DURAND: *Thank you. I'm very pushed for time, you see. I've just had a phone call which means I'll have to leave in a quarter of an hour.*

Language points

Perfect tense with être

In the dialogue above, did you notice what was different about the perfect tense of **arriver**, **passer** and **redescendre**? They are among a small group of verbs which use **être** as the auxiliary instead of **avoir**:

aller to go
Nous *sommes allés* **au cinéma hier soir.**

venir to come (also **devenir**, **revenir**, etc.)
Mes parents *sont venus* **pour Pâques.**

retourner to go back
Elle *est retournée* **à son bureau.**

arriver to arrive
Le courrier *est arrivé.*

partir to leave (also **repartir**, etc.)
Vous *êtes parti* **à quelle heure?**

entrer to go in/come in (also **rentrer**)
Je suis *entré* **le premier.**

sortir to go out/come out (also **ressortir**)
Les enfants *sont sortis* **avec leurs copains.**

monter to go up/come up (also **remonter**)
Nous *sommes* tous *montés* dans l'ascenseur.

descendre to go down/come down (also **redescendre**)
Je *suis descendu* pour le repas.

tomber to fall
Il *est tombé* de son cheval.

rester to stay
Les plus jeunes *sont restés* au lit.

naître to be born
Je *suis né* en 1935.

mourir to die
Les fleurs *sont mortes*.

passer pass by, call in
Nous *sommes passés* devant l'église.

If you are not sure of the meanings of any of the above examples, see how quickly you can match them to the English versions below:

We went to the cinema yesterday evening.
We passed the church.
I was born in 1935.
He fell from his horse.
The flowers have died/are dead.
We all went up in the lift.
The youngest ones stayed in bed.
I came down for the meal.
The children have gone out with their friends.
My parents came for Easter.
I went in first.
She has gone back to her office.
What time did you leave?
The post has arrived.

Did you notice? Avez-vous remarqué?

From the examples above, did you notice that when the perfect tense takes **être**, the past participle agrees with the subject in the same way as adjectives do: **nous sommes passés**, **elle est retournée**, etc. See how many agreements you can spot.

Attention!

Look carefully at these examples:

Je *suis* descendu à midi.	I came down at midday.
J'*ai* descendu les bagages.	I brought down the luggage.
Il *est* sorti seul.	He went out alone.
Il *a* sorti la voiture.	He got the car out.
Elle *est* passée chez moi.	She called at my place.
Elle *a* passé deux mois en Afrique.	She spent two months in Africa.

The reason for the variation is that the perfect tense of verbs in this group is formed with **avoir** in cases where the verb has a direct object. See how many different statements you can make using the elements below:

		mon vélo
	sorti	à la poste
J'ai	*descendu*	les documents
Je suis	*passé*	à 3 heures
	monté	mon permis de conduire
		pour manger

Just in time!

As you have seen, the perfect tense in a sentence like **J'ai fini la lettre** corresponds to two possibilities in English, 'I have finished the letter' or 'I finished the letter'. One way of emphasising recent actions is to use **venir de ...** :

Je viens de finir la lettre.	*I have just* finished the letter.
Tu viens de payer.	*You have just* paid.
Elle vient d'arriver.	*She has just* arrived.
Nous venons de commencer.	*We have just* started.
Vous venez de manger.	*You have just* eaten.
Ils viennent de sortir.	*They have just* gone out.

Try it! Essayez-le! *(3)*

What's your excuse? Make your excuses using the prompts:

1 Tu ne m'as pas téléphoné. Pourquoi? (*You've just arrived*)
2 Tu n'as pas répondu à ma lettre. Pourquoi? (*You've just opened it*)

3 Tu n'as pas entendu le réveil? (*You've just come out of the shower*)
4 Tu n'as pas fait le lit? (*You've just got up*)
5 Vous n'avez pas choisi? (*You've just asked for the menu*)

Now make up your own excuses!

6 Tu as donné à manger au chat?
7 Tu as fait la vaisselle?
8 Tu as vu mon message?

Wish you were here!

Les Gaillands,
le 2 août

Chers amis,

Enfin les vacances! Nous venons d'arriver à Chamonix, où nous avons retrouvé notre petit chalet en parfait état. Quel plaisir de respirer l'air frais et le calme de la montagne après le bruit et la pollution des grandes villes! Nous venons de rentrer du supermarché où nous avons fait les courses pour la semaine. Michel a sorti les fauteuils et nous voilà déjà installés sur le patio devant ce panorama superbe. Les enfants sont partis retrouver leurs copains de l'année dernière, et nous profitons de ce moment de paix pour prendre l'apéritif. Je n'ai même pas pensé au repas, je n'ai pas eu le temps. Nous irons peut-être au restaurant.

Nous n'avons pas eu de problèmes sur la route, sauf un petit bouchon sur l'autoroute près de Lyon. A part cela, ça a été ultra simple.

Nous attendons votre arrivée la semaine prochaine avec impatience et nous vous embrassons tous les deux.

A très bientôt,

Annie

Vocabulary

en parfait état	in perfect condition
les fauteuils (masc.)	armchairs
les copains (fem. **copines**)	friends, mates
profiter de	take advantage of
même pas	not even
sauf	except
un bouchon	traffic jam (lit., 'a cork')
nous vous embrassons	we send our love (lit., 'we kiss you')

Annie and Michel have obviously been busy, so her letter is brief. Can you think of a few things she might have added to the letter had she had time? (**Vocabulaire**: **pique-niquer**, **visiter**, **acheter**, **sortir les bagages**, **ouvrir les volets**, **enlever les toiles d'araignée**, **prendre un bain de soleil**, etc.)

10 Révision

Revision

Test your intelligence

Call out the number sequences in French, filling the space with the correct number:

| 11 | 22 | 33 | ?? | 55 | ?? | ?? | ?? | 99 |

| 21 | 12 | 31 | 13 | 41 | ?? | ?? | ?? | ?? |

| 10 | 15 | 13 | 18 | 16 | ?? | 19 | 24 | ?? |

| 51 | 6 | 72 | 9 | 21 | 3 | 44 | ?? | 92 | ?? |

| 3 | 7 | 10 | 17 | 27 | 44 | ?? | 115 | ?? |

Jeu de nationalités

Charlie Chaplin était _____
Jacques Delors est _____
Boris Becker est _____
Marlon Brando est _____
Segovia était _____
Pavarotti est _____
Hilary Clinton est _____
Nelson Mandela est _____

Nana Mouskouri est _____
Boris Yeltsin est _____

Pour aller au château, s'il vous plaît?

Vous trouverez dans la grille les noms de **seize destinations**
différentes qui figurent dans le chapitre 2. Les mots sont placés
dans tous les sens: horizontalement, verticalement, en diagonale,
de haut en bas et vice versa, de droite à gauche et inversement.

R	F	H	O	G	D	L	P	J	O	X	E	M	N
K	G	F	A	U	A	V	I	B	A	N	Q	U	E
C	B	E	S	S	K	R	W	Q	I	L	X	Y	T
I	J	O	B	I	D	T	A	C	I	D	N	Y	S
L	C	A	S	I	N	O	S	G	X	I	Z	P	O
B	Y	T	P	M	J	I	H	G	E	F	C	X	A
U	E	T	S	O	P	L	T	K	Q	R	A	O	U
P	H	F	E	L	R	H	D	I	T	U	Q	A	V
N	A	X	G	E	E	T	A	B	A	C	E	W	P
I	Q	E	F	A	I	T	Y	R	D	T	T	E	P
D	W	E	T	K	R	R	O	A	A	D	I	O	I
R	C	R	S	B	T	E	I	H	O	U	B	V	F
A	E	G	L	I	S	E	C	A	Q	Y	W	B	E
J	O	L	Y	T	C	I	N	E	M	A	K	A	O

Getting around

Can you take the vacant role in the following dialogues:

You:	Ask a passer-by (a man) the way to the bus station.
Homme:	Vous prenez la première à gauche, puis vous allez tout droit au feu rouge, et c'est la deux- ième à droite.
You:	Ask if it's far.
Homme:	Non, c'est à 300 mètres.

You:	*Ask the hotel receptionist if she/he has a street-plan of the town.*
Réceptionniste:	Voilà, monsieur/madame. Nous sommes ici.
You:	*Thank him/her. Say you would like to hire a car. Is there a garage nearby?*
Réceptionniste:	Oui, il y en a un qui fait location de voitures. C'est le garage Elf.
You:	*Ask if it's walking distance (= Can I go there on foot?)*
Réceptionniste:	Oui, c'est à deux minutes de l'hôtel.

La journée de Marianne

In lesson 4 we met Marianne Bonnard. Describe the first two hours of her normal day and then imagine the first two hours yesterday, when things did not go according to the usual routine. The first task might start with:

La journée de Marianne commence normalement à ...

and the second task could start:

Hier, sa journée n'a pas été typique ...

Itinéraires

You and a colleague are between you planning to visit business contacts in each of these towns. Your respective schedules appear below. You are on the phone to your boss's secretary. Describe (a) your schedule and (b) your colleague's, giving dates and length of stay.

Votre itinéraire

Lille	25–7 janvier	2 jours
Paris	29–31 janvier	3 jours
Tours	1–2 février	2 jours
Nancy	5–8 février	4 jours
Dijon	12–13 février	2 jours

L'itinéraire de votre collègue (Paul/Paulette – vous choisissez!)

Marseille	24–7 janvier	3 jours
Nice	29 janvier	1 jour
Lyon	30 janvier – 1 février	3 jours
Toulouse	5–6 février	2 jours
Clermont-Ferrand	7 février	1 jour

Supermarket muddle

Can you unscramble these items from the shopping list:

dtoraume
anigerram
agrofem
diomnela

Au marché

Imagine you are buying the following items for a picnic for four. What/how much might you ask for?

_____ de tomates
_____ de pâté
_____ de Badoit
_____ de radis
_____ de vin rouge
_____ de Camembert
_____ de chips
_____ de pêches
_____ de pizza

Jeu de mémoire

1 Combien coûte un aller-retour Grenoble-Paris en seconde par TGV? (lesson 8)
2 Pourquoi est-ce que Pierre prend un deuxième caddy? (lesson 7)
3 Qu'est-ce qui se trouve entre la piscine et l'église Notre-Dame? (lesson 2)
4 Qu'est-ce que c'est que des crudités? (lesson 3)
5 Ann Murdoch décide de passer le weekend à Paris. Pourquoi? (lesson 8)
6 Les Callot ont certains intérêts en commun. Lesquels? (lesson 4)
7 Donnez tous les détails possibles sur la famille de Karen (lesson 6)
8 Pourquoi est-ce que Tina ne peut pas prendre le gîte de Ménétréol en juillet? (lesson 5)
9 Anne Murdoch n'a pas rempli la case IMMATRICULATION VOITURE. Pourquoi? (lesson 1)
10 Votre nom de famille, comment s'écrit-il? (lesson 1)

Trans-Europe avec Bob et Sylvia

C'est le mois de décembre. Bob et Sylvia sont de retour à New York. Ils racontent leur voyage à des amis. Imaginez ce qu'ils disent.

Un mot, s'il vous plaît

Find a suitable word or words to fill the spaces:

1 Je me couche _____ avant minuit.
2 La semaine _____ nous allons louer une voiture.
3 J' _____ aller aux Etats-Unis.
4 Les enfants adorent _____ grands-parents.
5 _____ tu m'acheter aussi _____ lait?
6 Une _____ de haricots verts, s'il vous plaît.
7 L'avion coûte deux _____ plus _____ que le train.
8 Je ne _____ pas jouer au bridge.
9 Je voudrais des _____ sur les trains pour Bordeaux.
10 Quel est le _____ de votre chambre?

C'est combien les . . .?

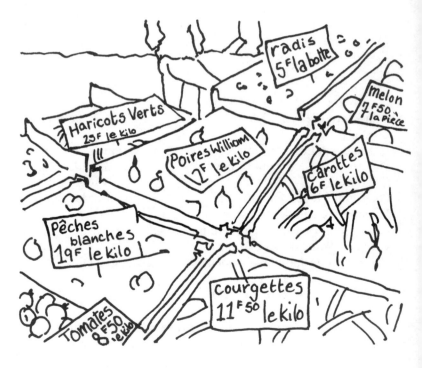

Can you call out the prices for a short-sighted friend?
**Vous achetez un kilo de tomates, et vous payez avec un billet
de 20 francs. Vous aurez combien de monnaie?**

Vous achetez deux melons, une botte de radis, et une livre de haricots verts. Cela vous coûtera combien?

Quand est-ce arrivé?

Il faut associer une date aux 10 événements de l'histoire du 20ème siècle:

Les événements

1 Mariage princier: Elisabeth d'Angleterre épouse Philippe de Grèce, duc d'Edimbourg
2 Richard Nixon démissionne à cause du scandale du 'Watergate'
3 La peine de mort est abolie en France
4 Le tsar Nicholas II et sa femme sont éxecutés par les bolcheviks
5 Naissance du Marché Commun à Rome, avec six états membres
6 Le président John Fitzgerald Kennedy est assassiné à Dallas
7 M et Mme Bardot ont la joie de vous annoncer la naissance de leur fille, Brigitte
8 Le Japon attaque Pearl Harbor dans les îles Hawaii
9 Neil Armstrong et Buzz Aldrin ont marché sur la Lune
10 Première greffe cardiaque dans le monde effectuée par le professeur Christiaan Barnard

Les dates

(a) 3 décembre 1967
(b) 17 juillet 1918
(c) 28 septembre 1934
(d) 20 novembre 1947
(e) 16 juillet 1969
(f) 25 mars 1957
(g) 22 novembre 1963
(h) 9 octobre 1981
(i) 7 décembre 1941
(j) 8 août 1974

11 Problèmes de santé

Health problems

In this unit you can learn about:

- how to explain what's wrong if you are ill or hurt
- the use of object pronouns
- reflexive verbs

Dialogue 1

Un homme inquiet

Do you remember how nervous Maurice Callot was about driving in the mountains (lesson 8, dialogue 2)? It seems his anxiety is becoming a problem, as we see from this conversation with his doctor

MAURICE: Oui, docteur, je ne me sens pas en bonne forme en ce moment. Est-ce que vous pouvez me donner quelque chose pour m'aider à dormir? Je me couche vers minuit, je m'endors très vite, mais je me réveille toujours vers trois heures du matin, et je passe le reste de la nuit sans dormir. Je me lève souvent vers cinq heures du matin, et je suis fatigué toute la journée.

MÉDECIN: Vous n'avez pas d'autres symptômes, par exemple des maux de tête, des problèmes de digestion?

MAURICE: Non.

MÉDECIN: Et votre poids?

MAURICE: Mon poids? J'ai pris un kilo en six mois. Je me pèse tous les jours.

MÉDECIN: Vous n'avez pas de soucis personnels, ou financiers, ou professionels, par exemple?

MAURICE: Non. Ma femme me dit toujours que je m'inquiète très facilement, mais depuis que j'ai pris ma retraite, nous vivons assez confortablement. Nous sommes tous les deux en bonne santé, mais je ne peux toujours pas me décontracter. Je m'énerve trop facilement avec ma femme – et même avec mes petits-enfants quand je les vois!

MÉDECIN: Est-ce que vous faites de l'exercice?

MAURICE: Je vais à la pêche, je fais des balades avec ma femme . . .

MÉDECIN: Essayez d'établir un rythme, de faire une demi-heure d'activité physique tous les jours – sans éxagérer – et revenez me voir dans un mois. Je vais vous donner des somnifères très doux pour vous aider à dormir. Mais tout d'abord, je vais faire un examen, vérifier votre tension, etc, pour être sûr . . .

Vocabulaire

se sentir	to feel
dormir	to sleep
s'endormir	to go to sleep
se réveiller	to wake up
se lever	to get up
un mal de tête	a headache
le poids	weight
J'ai pris un kilo	I've put on a kilo (lit. 'I've taken . . .')
se peser	to weigh oneself
un souci	a care, worry
s'inquiéter	to worry, be/become anxious
depuis	since
vivre	to live
assez	fairly
la santé	health
se décontracter	to relax, unwind
s'énerver	to get irritated
une balade	a walk, stroll
essayer	to try
établir	to establish
exagérer	to overdo, exaggerate

un somnifère	sleeping pill
tout d'abord	first of all
la tension	(here) blood pressure

Language points

Talking about your general health and well-being

To make a general polite enquiry:

Comment allez-vous?
How are you?

Vous allez bien?
Are you well?

To say how you are:

Je vais très bien, merci.
I'm fine, thanks.

Ça va, tout doucement.
I'm getting along slowly. (after an illness, or in spite of health
   problems)

Je suis en pleine forme.
I'm on top form.

Je ne me sens pas bien.
I don't feel well.

J'ai des ennuis de santé en ce moment.
I've got problems with my health at the moment.

J'ai un problème de tension	blood pressure
de digestion	digestion
d'appétit	appetite
de stress	stress
de respiration	breathing
de vue	eyesight
d'ouïe	hearing
d'équilibre	balance
de poids	weight

Did you notice?

In dialogue 1, did you notice how often the word **me** appears? And its position is generally immediately before the verb:

vous pouvez *me* **donner.... Je** *me* **couche ... je** *me* **pèse ... je** *me* **réveille ... ma femme** *me* **dit ...**

Me is an object pronoun. It can be used as a direct object:

Le médecin m'aide.
The doctor helps me.

Here **le médecin** is the subject of the verb, and **me** is the direct object. **Me** can also be an indirect object:

Le médecin me donne des somnifères.
The doctor gives me some sleeping pills.

The direct object this time is **des somnifères**, and **me** is the indirect object, since the doctor is not giving me to someone, but is giving something *to me*. As it happens, the pronoun **me** takes the same form in both cases, but some object pronouns have different forms for direct and indirect use. The direct and indirect object pronouns are:

Direct object		*Indirect object*	
me	me	**me**	(to) me
te	you	**te**	(to) you
le	him, it	*lui*	(to) *him, her, it*
la	her, it		
nous	us	**nous**	(to) us
vous	you	**vous**	(to) you
les	them	*leur*	(to) *them*

As you will see, only in the third person are there differences between direct and indirect object pronouns.

Try it! Essayez-le! *(1)*

Model:
Moi? Le médecin me voit à dix heures.
The doctor is seeing me at 10.

Toi? Le médecin _____ voit à 10h30
Nous? _____ 11h15
Marianne? _____ 12h00
Vous? _____ 12h30
Pierre? _____ 14h00
Les enfants? _____ 14h45

Try it! Essayez-le! *(2)*

Show how you can shorten the following sentences by replacing the words in italics by a pronoun:

Pierre parle *à ses enfants, Chantal, Alain et Laurent.*
Chantal adore *son père.*
Elle ne voit pas souvent *ses grands-parents.*
Maurice parle de ses problèmes *à sa femme et à son médecin.*
Le médecin donne des somnifères *à Maurice.*

Try it! Essayez-le! *(3)*

La machine multilingue

Imaginez une machine qui sait parler toutes les langues.

Moi, je suis anglais.	La machine me parle anglais.
Hans est hollandais.	La machine _____ parle hollandais.
Sylvia est américaine.	La machine _____
Toi, tu es italien.	La machine _____
Nous sommes allemands.	La machine _____
Les touristes sont japonais.	La machine _____
Vous êtes irlandais.	La machine _____
Ils sont mexicains.	La machine _____
Nous sommes canadiens.	La machine hésite!

Object pronouns and reflexive verbs

When the subject and the object of a verb are the same, the verb is being used *reflexively:*

je *me* **pèse**	I weigh *myself*
tu *te* **pèses**	you weigh *yourself*
il *se* **pèse**	he weighs *himself*
elle *se* **pèse**	she weighs *herself*
on *se* **pèse**	one weighs *oneself*
nous *nous* **pesons**	we weigh *ourselves*
vous *vous* **pesez**	you weigh *yourself/yourselves*
ils/elles *se* **pèsent**	they weigh *themselves*

Object pronouns are the same in reflexive verbs except for the third person **se**. In reflexive uses there is no difference between the direct and indirect pronoun forms:

il se gratte	he scratches himself
il se parle	he talks *to* himself

Many verbs are used reflexively in French but not in English, for example:

je me couche	I go to bed
elle se lève	she gets up
tu t'habilles	you get dressed

nous nous reposons	we are resting
Maurice s'inquiète	Maurice worries
il ne se décontracte pas	he doesn't relax
je me sens coupable	I feel guilty
elle s'endort	she goes to sleep

Try it! Essayez-le! *(4)*

Tell us (or a partner) about the start of your day, drawing as necessary on the following:

se réveiller
se lever
faire sa toilette
    prendre un bain (have a bath)
    prendre une douche (have a shower)
    se laver (to have a wash)
    se laver les dents (to clean one's teeth)
    se raser (to shave)
    se maquiller (to put on one's make-up)
se regarder dans la glace (to look at oneself in the mirror)
s'habiller
prendre son petit-déjeuner
partir

Dialogue 2

A votre santé!

Maurice Callot has taken his doctor's advice very seriously. He goes back to see the doctor six weeks later

LE MÉDECIN: Alors, monsieur Callot, comment allez-vous? Ça va mieux?

MAURICE: Oui, je suis en pleine forme, docteur. J'ai suivi vos conseils, et maintenant je fais un jogging tous les jours. Hier, j'ai fait douze kilomètres sans me fatiguer. Je dors bien, je mange avec appétit et je suis plus décontracté.

LE MÉDECIN: Mais j'ai remarqué que vous boitiez, monsieur . . .

MAURICE: Oh, ça, oui. Hier soir ma femme m'a demandé de remplacer une ampoule dans la salle de bains, je

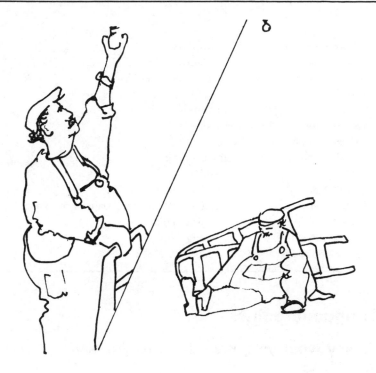

suis tombé de l'escabeau, et je me suis tordu la cheville. Ce n'est pas grave!

LE MÉDECIN:	Si vous voulez bien enlever votre chaussure et votre chaussette . . . Hmm, c'est quand même très gonflé. Ça fait mal quand je touche votre pied, là?
MAURICE:	Oui, et j'ai mal aussi au genou.
LE MÉDECIN:	Bon, je crois qu'il n'y a rien de cassé, mais je vais vous faire passer une radio.
MAURICE:	Mais . . .
LE MÉDECIN:	Ne vous inquiétez pas, monsieur, ça ne fait pas mal!

Vocabulaire

suivre	to follow
des conseils	advice
boiter	to limp
demander	to ask
remplacer	to replace

une salle de bains	bathroom
un escabeau	stepladder
se tordre la cheville	to twist one's ankle
grave	serious
enlever	to remove, take off
une chaussure	shoe
une chaussette	sock
quand même	none the less
gonflé	swollen
Ça fait mal?	Does it hurt?
J'ai mal au genou.	My knee hurts/I've a pain in my knee.
croire	to think, believe
rien de cassé	nothing broken
passer une radio	to have an X-ray

Language points

To say what you have done to yourself:

Je me suis tordu la cheville	I've twisted my ankle
le genou	my knee
le poignet	my wrist
Je me suis foulé la cheville	I've sprained my ankle
Je me suis cassé la jambe	I've broken my leg
le bras	my arm
Je me suis coupé le doigt	I've cut my finger
la main	my hand
le pied	my foot
Je me suis fait mal au dos	I've hurt my back
au cou	my neck
à l'épaule	my shoulder
à la tête	my head

Did you notice?

When you talk about actions involving parts of the body, you don't generally in French say '*my* arm', '*my* knee', '*my* face, but '*the* arm', '*the* knee', '*the* face'. And for the action involved you use the reflexive form of the verb:

Je me suis cogné la tête.
I (have) bumped my head.

Chantal, tu t'es brossé les cheveux?
Chantal, have you brushed your hair?

Il s'est lavé la figure.
He (has) washed his face.

Nous nous sommes lavé les pieds.
We (have) washed our feet.

Vous vous êtes fait mal à l'épaule.
You (have) hurt your shoulder.

Ils se sont serré la main.
They shook hands.

Try it! Essayez-le! *(5)*

Cause et effet. Match the statements on the left with the logical result on the right.

Je me suis cassé la jambe.
Chantal s'est coupé le genou.
Je me suis tordu le poignet.

Laurent s'est lavé les mains.
Pierre s'est fait mal à l'épaule.
Je me suis fait mal au dos.
Maurice ne s'est pas rasé.
Alain s'est cogné la tête.

Il ne peut pas sortir.
Il doit se coucher.
Je ne peux pas mettre ma
    chaussure droite.
Je ne peux pas dormir.
Elle ne peut pas jouer.
Alors il peut manger.
Je ne peux pas écrire.
Il ne peut pas jouer au golf.

12 Découvrons Paris

Let's discover Paris

In this unit you can learn about:

- visiting Paris
- points of the compass
- how to use the passive
- how to use **on**

Dialogue 1

Le cœur de Paris

Madame Simone Tellier is teaching French to a class of adult learners in Bristol. They are shortly to go on a group visit to Paris

SIMONE: Bon, alors, vous allez tous bientôt faire la connaissance de Paris. Qui d'entre vous est déjà allé à Paris? ... Une personne seulement, sur un groupe de douze. Patricia, vous y êtes allée quand?

PATRICIA: L'année dernière, avec mon mari, pour un weekend.

SIMONE: Vous avez aimé?

PATRICIA: Oui, beaucoup. Mais j'ai eu mal aux pieds pendant trois jours après! Il y a beaucoup de choses à voir.

SIMONE: Oui, c'est vrai. Alors, la classe, quand vous pensez à Paris, quelle image avez-vous?

JOSH: La Seine, Notre-Dame, le printemps, l'amour ... !

SIMONE: Ah, vous commencez par le cœur de Paris. La cathédrale de Notre-Dame a été bâtie sur une île au milieu de la Seine, et comme vous dites, l'île de la Cité est très romantique! D'autres images de Paris, s'il vous plaît ...?

Colloquial French is also available in the form of a course pack (ISBN 0–415–12091–6) containing this book and two cassettes. The cassettes include pronunciation practice, dialogues and role-playing exercises recorded by native speakers of French and are an invaluable aid to improving your language skills.

If you have been unable to obtain the course pack, the double cassette (ISBN 0–415–12090–X) can be ordered separately through your bookseller or, in case of difficulty, send payment with order to Routledge Ltd, ITPS, Cheriton House, North Way, Andover, Hants SP10 5BE, price (1995) £9.99* including VAT, or to Routledge Inc., 29 West 35th Street, New York, NY 10001, USA, price $17.95 (Can. $23.95)*.

The publishers reserve the right to change prices without notice.

CASSETTES ORDER FORM

Please supply one/two/ .... double cassette(s) of

Colloquial French, Moys.
ISBN 0–415–12090–X

Price   £9.99* incl. VAT
         $17.95 (Can. $23.95)*

☐   I enclose payment with order.
☐   Please debit my Access/Mastercharge/Mastercard/Visa/American Express. Account number:

Expiry date ....

Name ....

Address ....

Order from your bookseller or from:

ROUTLEDGE LTD
ITPS
Cheriton House
North Way
Andover
Hants
SP10 5BE
ENGLAND

ROUTLEDGE INC.
29 West 35th Street
New York
NY 10001
USA

DIANE:	La Tour Eiffel?
SIMONE:	Oui. Elle est située à l'ouest du centre. Elle a été construite en 1889 par l'ingénieur Eiffel. Si vous montez au dernière étage de la Tour Eiffel, vous aurez un panorama superbe sur tout Paris. D'autre images, s'il vous plaît?
DINO:	Montmartre, les artistes, le Moulin Rouge ...
SIMONE:	... et les touristes! C'est un quartier qui est très fréquenté par les visiteurs qui viennent à Paris pour la première fois. Regardez sur le plan de Paris, Montmartre se trouve sur une colline au nord du centre. Oui, Jacky?
JACKY:	Pour moi, Paris c'est les beaux magasins et les musées d'art. J'aimerais bien aller au musée du Louvre.
SIMONE:	Oui, et vous devriez aller aussi au nouveau musée d'Orsay, l'ancienne gare de chemin de fer qui a été transformée en musée il y a quelques années. C'est là que sont présentées les peintures les plus célèbres des impressionistes.
	... Alors vous voyez notre problème – c'est

l'embarras du choix. Notre visite est de trois jours seulement. Vous aurez tous des choix difficiles à faire!

Vocabulaire

bientôt	soon
faire la connaissance de	get to know
Qui d'entre vous . . .?	Which of you . . .?
le cœur	heart
le printemps	spring
bâtir	to build
une île	island
au milieu de	in the middle of
à l'ouest de	to the west of
l'ingénieur	engineer
un quartier	district
fréquenter	to frequent
une colline	hill
se trouver	to be found, situated
au nord de	to the north of
un magasin	shop
un musée	museum, art gallery
l'ancienne gare (adj. before noun)	the former station
NB **la ville ancienne** (adj. after noun)	the old town
il y a quelques années	several years ago
une peinture	painting
célèbre	famous

Language points

To say when something was done

Notre-Dame de Paris a été bâtie de 1163 à 1330.
Notre-Dame was built between 1163 and 1330.

Les îles de la Seine ont été occupées par les Parisii 300 ans avant Jésus-Christ.
The islands in the Seine were occupied by the Parisii tribe 300 years BC.

La Tour Eiffel a été construite pour l'Exposition Universelle de 1889.
The Eiffel Tower was built for the Universal Exhibition of 1889.

La gare d'Orsay a été transformée en musée dans les années quatre-vingt.
Orsay Station was converted into an art gallery during the 1980s.

Using the passive

In the passive, the subject of the verb is not – as normally – the doer of the action but the 'receiver' or object of it:

Montmartre est visité par beaucoup de touristes.

(Montmartre is the subject of the verb, but the tourists are the doers of the action.)
Often the doer of the action is not mentioned:

La gare d'Orsay a été transformée en musée.

(It doesn't say who did it.)

How to form the passive

Forming the passive is easy – use the past participle with the required tense of **être**. In passive constructions the past participle agrees with subject, just like an adjective:

La maison est occupée.   The house is occupied.
La maison sera occupée.   The house will be occupied.
La maison a été occupée.   The house has been/was occupied.
La maison était occupée.   The house was occupied.

Try it! Essayez-le! *(1)*

Match the dates to the events:

Le tunnel sous la Manche a été ouvert en _____	1830
La France a été libérée en _____	1903
La Déclaration des Droits de l'Homme a été écrite en _____	1994
Le tour de France (cycliste) a été fondé en _____	1945
La *Symphonie Fantastique* de Berlioz a été composée en _____	1789

The points of the compass

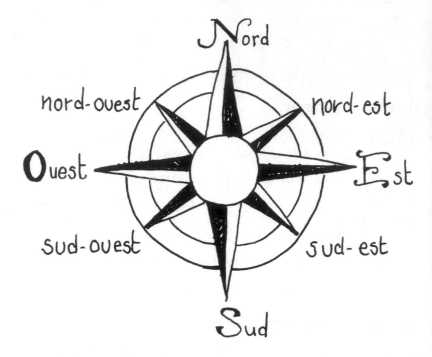

La tour Eiffel est *à l'ouest du centre*.
west of the centre

Le Sacré-Cœur est *au nord du centre*.
north of the centre

La tour Montparnasse est *au sud du centre*.
south of the centre

Le bois de Vincennes est *à l'est du centre*.
east of the centre

Panorama de Paris

Le berceau de Paris: la Cité

Montons d'abord sur une des tours de Notre-Dame, observatoire incomparable situé au cœur même de la Cité, berceau de Paris. C'est ici qu'à travers les années la vie de Paris s'est concentrée, et

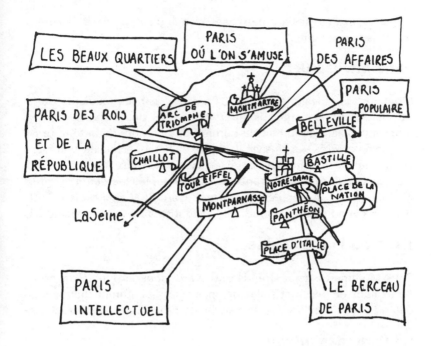

la Cité est encore aujourd'hui le centre judiciaire et religieux de la ville.

Au-dessous de nous, la capitale se déploie comme un livre ouvert. A nos pieds coule la Seine, artère vivante de la capitale. Sa courbe traverse la ville à peu près d'est en ouest, et la partage en deux grandes zones inégales: la rive gauche et la rive droite.

Le Paris des rois ... et de la république

Le palais du Louvre, résidence royale, grandiose ensemble édifié par plusieurs générations de souverains, offre une magnifique leçon d'histoire monumentale. La Révolution en a fait un musée qui est aujourd'hui un des plus célèbres et des plus riches du monde: antiquités, sculptures, objets d'art, peintures de toutes les époques.

Les beaux quartiers

Les 'beaux quartiers' se développent depuis deux siècles à l'ouest de la capitale, de part et d'autre des Champs-Elysées. L'avenue des Champs-Elysées, tracée par Le Nôtre au 17ème siècle, après avoir été la résidence de l'aristocratie, est aujourd'hui, avec ses cinémas, ses grands cafés, ses journaux, ses stands d'automobiles, le centre du Paris cosmopolite.

Paris intellectuel

Montparnasse (désigné le 'mont Parnasse' par les étudiants de la Renaissance) a constitué le quartier général des écrivains et des artistes depuis la fin du siècle dernier. Et à l'ombre de la tour de St Germain-des-Prés – la plus vieille église de Paris – écrivains et artistes continuent de se retrouver à la terrasse des 'Deux Magots' ou au 'café de Flore'. Autour de l'antique Sorbonne, le Quartier latin est le centre de la vie universitaire, et le boulevard St Michel est le lieu de promenade de milliers d'étudiants et touristes du monde entier.

Paris où l'on s'amuse

Entre Montmartre et les Grands Boulevards sont rassemblés de nombreux lieux de plaisir et salles de spectacles qui attirent chaque jour des dizaines de milliers de Parisiens, de provinciaux et d'étrangers.

Le Paris des affaires

Au nord de la Cité, cette vaste zone se dépeuple d'habitants résidents et se transforme en une 'City' qui évoque celle de Londres: les appartements sont convertis en bureaux.

Paris populaire

L'Est (Bastille, Belleville) est le Paris des quartiers populaires. Ces quartiers, densément peuplés, sont dominés par les habitations modestes ou pauvres.

(Courtesy of Guy Michaud and Alain Kimmel, *Le Nouveau Guide France*, Paris, Hachette, 1994)

Vocabulaire

un berceau	cradle
à travers	through, across
au dessous de	beneath, below
(NB **au dessus de**	above)

se déployer	to unfold
couler	to flow
une courbe	curve
partager	to divide, share
inégal	unequal
de part et d'autre	on either side of
un écrivain	writer
un siècle	century
à l'ombre de	in the shade of
un lieu	place
attirer	to attract
dizaines de milliers	tens of thousands
se dépeupler	to be depopulated

Dialogue 2

Souvenirs de Paris

In the coach bringing the group back to England after their Paris visit, Simone talks to members of her class about their visit

SIMONE: Jacky, qu'est-ce que vous avez eu le temps de faire?

JACKY: Nous sommes allés au Louvre et au musée d'Orsay. On m'avait dit que Paris est une ville riche en culture et en histoire, et j'ai été vraiment séduite. On s'est promené aussi sur les Champs-Elysées, et nous sommes montés au dernier étage de la tour Eiffel. Quelle vue – c'est superbe.

SIMONE: Et vous, Sharon, vous êtes contente de votre petit séjour à Paris?

SHARON: Oui, très contente. J'ai fait tous les grands magasins le premier jour, puis hier je suis allée à Montmartre. On m'a demandé de poser pour un portrait, un jeune homme m'a dessinée en dix minutes. Et voilà mon portrait!

SIMONE: Oh, c'est joli! Ce sera un beau souvenir. Et vous Josh, on vous a fait votre portrait aussi?

JOSH: Non, je ne suis pas allé à Montmartre. J'ai visité toute l'île de la Cité – Notre-Dame, La Sainte-Chapelle, et la Conciergerie. Et j'ai passé beaucoup de temps à explorer le quartier latin et les autres vieux quartiers de la rive gauche. J'ai acheté quelques livres d'occasion qu'on m'a proposés à un prix intéressant. Puis j'ai pris le Métro pour aller voir le cimetière du Père Lachaise, où beaucoup de gens célèbres sont enterrés.

Vocabulaire

avoir le temps de	to have time to
séduire	to enchant, seduce
un séjour	a stay
dessiner	to draw
la rive gauche	the left bank
d'occasion	second-hand
un cimetière	cemetery
célèbre	famous
enterrer	to bury

Language Points

Saying 'I was told', 'I was offered', 'I was given', 'I was asked', etc.

On m'a dit que le Marais est un quartier intéressant.
I was told that the Marais is an interesting area.

On m'a proposé des drogues dans le Métro.
I was offered drugs in the Métro.

On m'a demandé si c'était ma première visite.
I was asked if it was my first visit.

On m'a envoyé les billets.
I was sent the tickets.

Did you notice? Avez-vous remarqué?

Why are the above examples passive in English ('I was told', etc.) but not in French ('one told me', etc.)? The reason is that in French, only verbs with *direct* objects can be turned around to make a passive, while in English both direct and indirect objects can be made the subject of a passive form. The distinction is between these two sentences in English, only one of which could be expressed in the passive in French:

I was sent a postcard. (Was I sent? Or was it the postcard?)
On m'a envoyé une carte postale.

The card *was sent* by an admirer.
La carte postale *a été envoyée* par un admirateur.

This explains why you may have seen references in French course books or grammars to 'ways of avoiding the passive in French'. This is a false conception, which arises from the difference illustrated above.

Try it! Essayez-le! *(2)*

Which of these 'passive' sentences could be passive in French?

1 She was asked the time.
2 He was offered a 100-franc note.
3 A 100-franc note was offered as a prize.
4 The guide was sent to Notre–Dame.
5 The guide was sent a message.
6 I was given a street map of Paris.
7 The street map was given to me by the receptionist.

Try it! Essayez-le! *(3)*

Be street-wise. Complete the following dialogue

YOU: *Approach a passer-by (woman). Ask if she knows the area.*
DAME: Oui, je suis parisienne.
YOU: *Ask if she can direct you to the place des Vosges. Say you've been given a street-map, but you can't find the place des Vosges.*
DAME: Alors, je vais vous l'indiquer. Regardez, monsieur/madame/mademoiselle. Nous sommes ici, place du Châtelet. Vous prenez la rue de Rivoli, vous continuez tout droit rue de Rivoli et puis la rue St Antoine et vous tournez à gauche rue de Birague.
YOU: *Ask if it's far.*
DAME: A pied, dix minutes, un quart d'heure. Sinon vous pouvez prendre un bus ou le Métro.
YOU: *Thank her. Wish her a nice evening.*

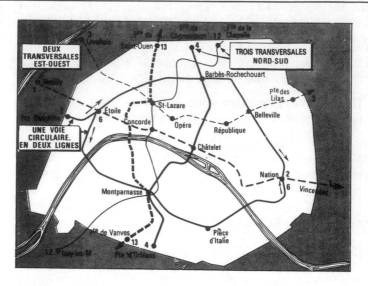

Les Transports Parisiens: le Métro et le Réseau Express Régional (RER)

Le Métro
Projetée dès 1855, la première ligne a été inaugurée lors de l'Exposition universelle de 1900. Le réseau actuel, réalisé au prix de travaux parfois fort délicats parmi les encombrements du sous-sol, comprend 15 lignes totalisant 198 kilomètres. Le régime d'exploitation est simple et pratique: les trains, très fréquents, s'arrêtent à toutes les stations et le tarif est unique. Régulièrement modernisé, il a servi de prototype dans de nombreux pays étrangers. Le métro fait partie de la vie quotidienne du Parisien, avec sa régularité, sa publicité, ses cohues aux heures de pointe.

Le Réseau Express Régional (RER)
Pour répondre aux besoins croissants de transports en commun de masse, la RATP (Régie Autonome des Transports Parisiens) et la SNCF (Société Nationale des Chemins de Fer Français) ont créé le RER, un ensemble de lignes traversant Paris et constituant un 'super métro' à l'échelle de l'agglomération parisienne, avec

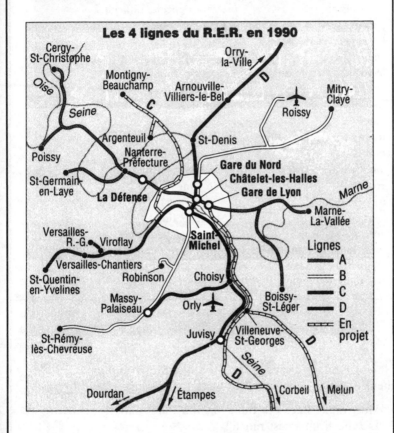

- des correspondances nombreuses avec le réseau métropolitain,
- un titre de transport unique pour un même déplacement,
- un système de contrôle unique automatisé.

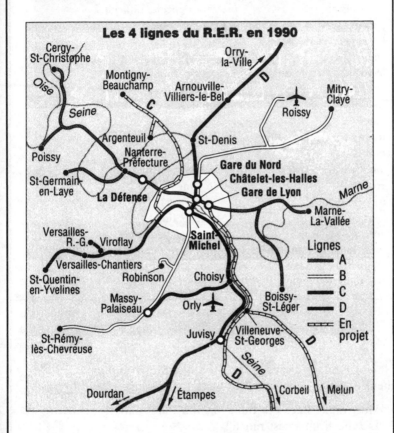

Les 4 lignes du R.E.R. en 1990

(Courtesy of Guy Michaud and Alain Kimmel, *Le Nouveau Guide France*, Paris, Hachette, 1994)

Vocabulaire

dès	from, as early as
lors de	at the time of
le réseau	network, system

actuel	present
réaliser	to achieve, accomplish
au prix de	at the cost of
parfois	sometimes
fort délicat	very delicate, difficult
parmi	among, amidst
les encombrements	obstructions
comprendre	(here) to include
le régime d'exploitation	the operating policy
Le tarif est unique	There is only one fare
nombreux, -se	numerous
étranger	foreign
quotidien, -ienne	daily
une cohue	throng, crush
aux heures de pointe	in the rush hour(s)
croissant	growing
à l'échelle de	on the scale of
agglomération (fem.)	conurbation
correspondances	interchange stations
un titre de transport unique	a through ticket
pour un même déplacement	for a given journey
(se déplacer	to move around)

Try it! Essayez-le! *(4)*

Having read the above aricle about the Métro and the RER, answer these questions for someone who doesn't understand French:

1 How many lines are there on the Paris underground?
2 Do the tickets cost much?
3 Do many people use it?
4 What's the difference between the Métro and the RER?
5 Are they interconnected?
6 Do you have to have separate tickets?

13 Vous rappelez-vous?

Do you remember?

In this unit you can learn how to:

- deal with motoring incidents on French roads
- talk about the weather
- explain the circumstances of past events
- make comparisons
- use the imperfect tense

Dialogue 1

Excès de vitesse

Monsieur and Madame Goujon are travelling by car to stay with friends for the weekend

MARIE-LOUISE:	Dis, tu as remarqué que les voitures qui viennent dans l'autre sens nous font des appels de phares? Tu n'as pas laissé tes phares allumés, par hasard? Il ne pleut pas?
MARCEL:	Non. C'est peut-être parce qu'il fait un peu brumeux.
MARIE-LOUISE:	De toute façon nous allons bientôt arriver, s'il n'y a pas de bouchons pour nous retarder.
MARCEL:	Mais . . . ah, non, ce n'est pas possible! La police qui nous fait signe de nous arrêter! C'est un contrôle de radar! (*Il arrête la voiture. Un agent vient vers lui.*)
AGENT:	Monsieur, bonjour. Vous savez quelle vitesse vous faisiez quand vous êtes passé devant notre contrôle là-bas?
MARCEL:	Je dépassais la limite?

AGENT:	Oui, monsieur, vous rouliez à cent cinq à l'heure, alors que la limite est de quatre-vingt-dix.
MARCEL:	Excusez-moi, monsieur l'agent, nous étions en retard, je ne faisais pas attention.
AGENT:	Si vous voulez bien descendre de la voiture, monsieur ... Vos papiers, s'il vous plaît. Merci. Vous aurez une contravention de huit cents francs à payer, pour excès de vitesse.

Vocabulaire

dans l'autre sens	in the other/opposite direction
faire des appels de phares	flash one's headlights
allumer	to switch on (lit. 'light up')
par hasard	by (any) chance
il pleut (inf. **pleuvoir**)	it is raining
il fait un peu brumeux	it's a little misty
de toute façon	in any case
un bouchon	traffic tailback (lit. 'a cork')
faire signe à	to signal to
(s')arrêter	to stop
un contrôle de radar	a radar speed check
un agent	a policeman
la vitesse	speed
dépasser	to exceed
une contravention	a fine, an offence

Language points

Attention!

There are three ways of saying 'I drive' in French:

conduire	**Je conduis prudemment.**
	I drive carefully.
	(emphasis on being the driver)
rouler	**Je roule très vite.**
	I drive very fast.
	(emphasis on the car's movement)

aller en voiture	**Je vais toujours au bureau en voiture.**
	I always drive to the office.
	(emphasis on mode of transport)

Saying what you were doing

Je *roulais* à soixante (kilomètres)(à l'heure).
I *was driving* at sixty kilometres an hour.

Je *passais* par la forêt de Fontainebleau.
I *was going* through the forest of Fontainebleau.

J'*écoutais* la radio.
I *was listening* to the radio.

Je *suivais* un camion . . .
I *was following* a lorry . . .

. . . et Crac! Mon pare-brise a éclaté.
. . . when Bang! My windscreen shattered.

All the verbs in the above example – except the last one – are in a past tense called the *imperfect*. The terms *perfect* and *imperfect* derive from the Latin *perfectus*, meaning 'finished'. So the imperfect tense frequently carries the idea of actions or events which were unfinished when something else happened.

The imperfect tense is easy to form: just take the **nous** form of the present tense and replace the **-ons** ending:

aller	allons	j'*allais*
vouloir	voulons	je *voulais*
finir	finissons	je *finissais*

It's also easy to pronounce – four of the six forms sound the same:

je roul*ais*	+	nous roul*ions*
tu roul*ais*		vous roul*iez*
il/elle roul*ait*		
ils/elles roul*aient*		

More things you might have been doing:

J'attendais au feu rouge.	I was waiting at the lights.
Je tournais à gauche/à droite.	I was turning left/right.
Je doublais un camion.	I was overtaking a lorry.
Je montais/descendais une côte.	I was going up/down a hill.
Je garais ma voiture.	I was parking my car.

Je faisais marche arrière.	I was reversing.
Je faisais demi-tour.	I was doing a U-turn.
Je ralentissais/accélerais.	I was slowing down/ speeding up.

Try it! Essayez-le! *(1)*

Fill in the spaces, from the list following the account:

Il _____ onze heures du soir. Nous _____ à 50 parce j'_____ fatigué. Je ne _____ pas souvent la nuit. Un camion nous _____. Juste avant le village, il a _____ et il nous a _____ des appels de phares, parce qu'il _____ nous doubler. J'ai _____ et il m'a _____. Quand nous sommes _____ dans le centre du village, il _____ au feu rouge.

klaxonné	fait	conduis	doublé	ralenti	était
suivait	voulait	roulions	arrivés	attendait	étais

🚗 **VITESSES MAXIMALES AUTORISEES**

Type de route \ Conditions de circulation	Conditions normales de circulation	Moins de deux ans de permis	Pluie et autres précipitations	Visibilité inférieure à 50 m
Autoroutes :	130 km/h	110 km/h	110 km/h	50 km/h
Routes à deux chaussées séparées par un terre-plein et sections d'autoroute munies de panneaux (110)	110 km/h	100 km/h	100 km/h	50 km/h
Autres routes :	90 km/h	80 km/h	80 km/h	50 km/h
Agglomération :	50 km/h	50 km/h	50 km/h	50 km/h

Source: *Code de la Route* © Codes Rousseau

What was the weather like?

Imperfect	*Present*	*Infinitive*
il pleuvait	**il pleut**	**pleuvoir**
it was raining		
il neigeait	**il neige**	**neiger**
it was snowing		
il gelait	**il gèle**	**geler**
it was freezing		

Most weather terms are introduced by **il fait:**

Il fait/faisait beau.	It is/was fine and sunny.
Il faisait sec.	It was dry.
Il faisait sombre/gris.	It was dull.
Il faisait lourd.	It was humid, close.
Il faisait du brouillard.	It was foggy.
Il faisait chaud.	It was warm/hot.
Il faisait doux.	It was mild.
Il faisait frais.	It was chilly.
Il faisait froid.	It was cold.
Il faisait un temps orageux.	It was thundery.
couvert.	It was overcast.
humide.	It was wet.
stable.	It was settled.

You can also say:

Il y avait du verglas.	There was black ice.
de la pluie	rain.
de la neige.	snow.
de la grêle.	hail.
du brouillard.	fog.
du soleil.	It was sunny.
du vent.	It was windy.
des orages.	There were thunderstorms.
des averses.	showers.
des inondations.	floods.

Il fait ... is also used to say:

Il fait nuit.	It is dark (at night).
Il fait noir.	It is pitch black (e.g. in a cave).
Il fait jour.	It is daylight.
Il fait clair.	It is light/bright (e.g. of a room).

Try it! Essayez-le *(2)*

Pair each weather word with its opposite in meaning:

froid	soleil	orageux	couvert	frais	nuit	vent
humide	chaud	stable	calme	doux	jour	sec

Try it! Essayez-le! *(3)*

Here is an extract from Madeleine Goujon's summer holiday diary of the weather. Answer the questions relating to it below.

lundi 3 août	Beau temps; grosse chaleur 33 degrés
mardi 4 août	Matin: soleil Après-midi: lourd, couvert. Orages le soir.
mercredi 5 août	Temps frais (21 degrés), averses, vent.
jeudi 6 août	Pluie toute la journée.
vendredi 7 août	Matinée brumeuse, puis beau temps. 27 degrés
samedi 8 août	Temps chaud et ensoleillé. 30 degrés
dimanche 9 août	Comme hier!

Samedi Madeleine a emmené les enfants à la plage ('the beach'). Quel temps faisait-il?

Pierre n'a pas joué au golf jeudi. Pourquoi pas?

Madeleine allait faire un barbecue mardi soir, mais elle a abandonné l'idée. Pourquoi?

Pierre n'a pas garé la voiture au soleil lundi. Pourquoi?

Les grands-parents sont arrivés vendredi matin pour le weekend. Quel temps faisait-il?

Imagine this was a diary of *your* holiday weather. Write a note of what you did each day, mentioning the weather of course!

Dialogue 2

Quand j'étais jeune

Monsieur Albert Coste is 95 today. He is interviewed by Hugues Desportes, a young reporter from the local newspaper

HUGUES: Toutes mes félicitations, monsieur, de la part de notre journal et de nos lecteurs. Vous êtes né il y a quatre-vingt-quinze ans, en 1900. Je suis curieux de savoir, quels sont vos premiers souvenirs d'enfance?

ALBERT: Mes premiers souvenirs? Je me rappelle que mon père m'emmenait toutes les semaines au marché de Neuville. Il me faisait monter dans la charrette à côté de lui. En hiver il faisait encore nuit quand on se mettait en route. Il n'y avait pas d'autos et avec notre vieux cheval il faillait compter deux heures pour faire les douze kilomètres. La vie était plus dure, mais qu'est-ce que le progrès nous a donné? Est-ce que les gens sont plus heureux maintenant, avec leurs voitures, leurs autoroutes et tout? A mon point de vue ils sont moins heureux!

HUGUES: Vous avez toujours été cultivateur – qu'est-ce qui a changé dans votre métier?

ALBERT: Surtout on n'avait pas les machines d'aujourd'hui. Quand j'étais jeune on faisait tout à la main ou à l'aide des chevaux. Le travail était plus dur et plus long – pour couper un champ de blé on mettait dix fois plus de temps qu'aujourd'hui. Heureusement que les étés étaient plus beaux!

HUGUES: Quel est votre souvenir le plus heureux?

ALBERT: La naissance de mes trois enfants.

HUGUES: Et le plus grand regret?

ALBERT: D'avoir été prisonnier de guerre entre '40 et '45, au moment où mes enfants grandissaient. Le plus jeune avait six mois quand je suis parti, et presque six ans quand je suis revenu.

Vocabulaire

félicitations (fem.)	congratulations
de la part de	from, on behalf of
un journal	newspaper

un lecteur	reader
un souvenir	a memory, souvenir
l'enfance (fem.)	childhood
se rappeler	to remember, recall
une charrette	cart
à côté de	beside, next to
en hiver	in winter
se mettre en route	to set out
une auto	car
un cheval (pl. **chevaux**)	horse
compter	to count
dur	hard
les gens	people
moins	less
heureux	happy
un cultivateur	farmer
un métier	job, trade, profession
surtout	above all
à l'aide de	with the help of
couper	to cut
un champ de blé	cornfield
l'été (masc.)	summer
un prisonnier de guerre	prisoner of war
grandir	to get bigger, grow (up)

Language points

Saying how things used to be

Mon père m'*emmenait* au marché toutes les semaines.

In English this idea of regular or repeated action in the past can be conveyed by several different formulations:

My father *used to take* me to market every week.
My father *took* me to market every week.
My father *would take* me to market every week.

In French, however, these ideas are all rendered by the imperfect tense, in addition to its other uses as set out under dialogue 1.

Try it! Essayez-le! *(4)*

Vrai ou faux?

En 1900 . . .

1 Les autoroutes n'existaient pas.
2 On partait en charrette pour aller au supermarché.
3 Le cheval était plus important que la voiture.
4 En hiver il faisait nuit tout le temps.
5 Le soir on regardait la télévision.
6 Albert était prisonnier de guerre.
7 On n'avait pas les machines d'aujourd'hui.
8 On ne cultivait pas le blé.
9 La limite de vitesse était de 90 kilomètres à l'heure.

Making comparisons

L'hiver est *plus* dur *que* l'été.
The winter is hard*er* *than* the summer.

Les bouchons sont *plus* fréquents en été *qu'*en hiver.
Tailbacks are *more* frequent in summer *than* in winter.

Did you notice?

In English, some adjectives (mainly short words) form their comparatives and superlatives by adding '-er' and '-est':

Adjective	*Comparative*	*Superlative*
long	longer	longest
happy	happier	happiest
old	older	oldest

But most longer adjectives use 'more' and 'most':

frequent	more frequent	most frequent
interesting	more interesting	most interesting

In French, the picture is simpler. Just use **plus** and **le/la/les plus**:

La route par la forêt est *plus* directe *que* l'autoroute.
The road through the forest is *more* direct *than* the motorway.

La route par la forêt est *la plus* directe.
The road through the forest is *the more/most* direct.

Other terms of comparison are used in the same way:

> **Les accidents sont *moins* fréquents sur les autoroutes que sur les autres routes.**
>
> Accidents are *less* frequent on motorways than on other roads.

> **Mais les dangers sont *aussi* importants sur les autoroutes *que* sur les autres routes.**
>
> But the dangers are *as* serious on motorways *as* on other roads.

> **Souvent les conducteurs ne sont *pas si* prudents sur les autoroutes *que* sur les autres routes.**
>
> Often, drivers are *not as* careful on motorways *as* on other roads.

Try it! Essayez-le! *(5)*

Options Londres-Paris. Pour aller de Londres à Paris, comparez les options, et donnez votre opinion.

> Pour vous, quelle est l'option la plus facile?
> la plus chère?
> la plus rapide?
> la moins dangereuse?
> la plus fatigante?
> la plus sûre?
> la plus compliquée?

- Le train Eurostar, Londres–Paris direct par le tunnel sous la Manche?
- L'avion, Londres Heathrow–Paris Charles de Gaulle?
- La voiture plus le ferry, Douvres–Calais?
- La voiture plus le tunnel?
- Le car ('coach') plus le ferry?

Option	Eurostar	Avion	Voiture + ferry	Voiture + tunnel	Car + ferry
facile?					
chère?					
rapide?					
dangereuse?					
fatigante?					
sûre?					
compliquée?					

If you can, discuss your views with a partner. You might begin your statements with

> **Je pense que** ...   *or*   **A mon avis** ...
> I think (that) ...   From my point of view ...

14 Rendez-vous et invitations

Appointments and invitations

In this unit you can learn about:

- how to arrange a meeting or appointment
- how to give and respond to an invitation
- how to use future and conditional tenses
- negatives **rien, personne, jamais**

Dialogue 1

Rendez-vous à Paris

Knowing that she is going to be in Paris on business, Anne Murdoch telephones Jean-Louis Bressot, a friend and business contact who runs an advertising agency

ANNE: Allô, c'est bien l'Agence Promotec? Est-ce que je pourrais parler à Monsieur Bressot, s'il vous plaît? C'est de la part de Madame Murdoch.

EMPLOYÉE: Oui, madame, ne quittez pas.

JEAN-LOUIS: Anne – quel plaisir de vous entendre. Ça va? Où êtes-vous?

ANNE: Bonjour, Jean-Louis. Je suis à Grenoble, mais je serai à Paris la semaine prochaine, et j'aimerais bien passer vous voir si c'était possible.

JEAN-LOUIS: Ça me ferait très plaisir, à moi aussi. Attendez, je vais regarder mon agenda. . . . Ce serait difficile lundi ou mardi, parce que je suis très occupé ces jours-là, mais mercredi je serai libre à partir de 3 heures, et pour l'instant je ne vois personne jeudi.

ANNE: Mardi je ne pourrais pas non plus, c'est le jour de mon arrivée. Mercredi j'ai une réunion toute la

journée à Sèvres, mais jeudi serait possible: j'ai un
rendez-vous le matin, mais l'après-midi je n'ai rien.

JEAN-LOUIS: Alors, trois heures, trois heures et demie, cela vous
conviendrait?

ANNE: Oui, ce serait parfait. Je viendrai à trois heures. Si
j'ai un problème, je vous téléphonerai, d'accord?

JEAN-LOUIS: Entendu. A très bientôt alors. Allez, au revoir, et
bonne journée!

Vocabulaire

Ne quittez pas!	Hold the line! (lit. 'Don't leave!')
entendre	to hear
un agenda	diary
occupé	busy
libre	free
je ne vois personne	I'm not seeing anyone/I'm seeing no one
non plus	neither
je n'ai rien	I haven't anything/I have nothing
Cela vous conviendrait?	Would that be convenient for you?
(convenir	to suit, be convenient)
D'accord!	All right! Agreed!
Entendu!	Understood! Agreed!

Language points

Making an appointment

In earlier lessons we have looked at ways of making polite requests:

Je voudrais	**prendre un rendez-vous avec ...**
J'aimerais	**venir vous voir**
Est-ce que je pourrais	**parler à ...**

To ask someone if they will be available:

Vous *êtes* libre vendredi matin?   *Are* you free ...?
(present tense)

Vous *serez* libre vendredi matin?   *Will* you *be* free ...?
(future tense)

Vous *seriez* libre vendredi matin?   *Would* you *be* free ...?
(conditional tense)

As you see, the present tense is often used in both English and French to convey a future idea:

Je travaille à Paris la semaine prochaine.
I am working in Paris next week.

Use the future tense where you would say *shall/will* in English:

J'arriverai mardi en fin de matinée.
I shall arrive on Tuesday at the end of the morning.

The conditional tense is a less direct form, used to convey politeness or condition, where in English one says *would:*

Est-ce que vous *auriez* le temps de me voir?
Would you *have* time to see me?

Je *viendrais* plus tôt si ça vous convenait mieux.
I *would come* earlier if it suited you better.

Formation of future and conditional tenses

Both the future and conditional tenses are formed – and in many cases pronounced – in similar ways. With regular verbs, the infinitive is the starting point:

	Future	*Conditional*
travailler	je travaille*rai*	je travaille*rais*
remplir	je rempli*rai*	je rempli*rais*
vendre	je vend*rai*	je vend*rais*

(Note that infinitives in **-re** drop the **e** before adding the endings.)
Some verbs have irregular stems for the future/conditional, such as:

	Future	*Conditional*
être	je serai	je serais
avoir	j'aurai	j'aurais
aller	j'irai	j'irais
voir	je verrai	je verrais
venir	je viendrai	je viendrais

(For a full list of irregular forms, see pages 223–31.)

But whether or not the verb is regular, *all verbs use the same endings* for the future tense:

> **Je viendr*ai* vous voir lundi.**   I shall come and see you on Monday.
> **Tu viendr*as* me voir mardi.**   You will ... etc.
> **Il viendr*a* nous voir mercredi.**
> **Nous viendr*ons* vous voir jeudi.**
> **Vous viendr*ez* les voir vendredi.**
> **Ils viendr*ont* me voir samedi.**

Did you notice?

The endings of the future tense resemble the forms of the present tense of **avoir**.

As it happens, the endings of the *conditional tense* also look familiar – and once again, these endings apply to all verbs:

> **Je viendr*ais* avec vous.**   I would come with you.
> **Tu viendr*ais* avec moi.**   You would come with me.
> **Il viendr*ait* avec elle.**   He would come with her.
> **Nous viendr*ions* avec vous.**   We would come with you.
> **Vous viendr*iez* avec nous.**   You would come with us.
> **Ils viendr*aient* avec moi.**   They would come with me.

As you see, the endings of the conditional tense are the same as those of the imperfect tense – but they are added to a different stem (see pages 214–15).

Try it! Essayez-le! *(1)*

Agence Promotec	Aujourd'hui, mercredi	Demain, jeudi	Après demain, vendredi
M. Bressot	matin: occupé	occupé	libre
Mme Roux	occupée	occupée 4h–6h	matin: occupée
Mme Vincent	matin: occupée après-midi: libre	matin: occupée 2h–3h occupée	libre
M. Tissier	libre 9h–12h30	occupé	occupé 2h–4h

These are the appointment commitments of the four senior partners of the agency over the next couple of days. Using dialogue 1 as a model, can you reconstruct the likely telephone conversation between each of them and these business enquirers?

Mme Lebrun cherche à prendre un rendez-vous avec Monsieur Tissier. Elle travaille toute la journée aujourd'hui. Elle est libre demain, et vendredi elle travaille jusqu'à trois heures.

Mlle Martin voudrait voir Monsieur Bressot ou un de ses collègues demain – les autres jours sont impossibles.

M. Leconte aimerait voir Madame Roux aujourd'hui ou demain matin.

Mlle Perrault cherche à fixer un rendez-vous avec Madame Vincent, mais ne peut pas venir l'après-midi.

You can try similar conversations between the enquirers and a receptionist acting for each of the four colleagues. Use a partner if you can.

Other ways of saying you are free – negatives

Ne ... pas is not the only way of making a verb negative in French. Here are some others:

Je *n'*ai *rien* sur mon agenda pour demain.
I've got *nothing* in my diary for tomorrow.

Monsieur Bressot *ne* fait *rien* vendredi.
Monsieur Bressot is *not* doing *anything* on Friday.

Il *ne* voit *personne*.
He is *not* seeing *anyone*.

Il *ne* travaille *jamais* le samedi.
He *never* works on Saturdays.

Did you notice?

In English there are generally two alternative ways of making a negative statement, but only one in French:

I never work late. I don't ever work late.	**Je ne travaille jamais tard.**
I saw nobody. I did not see anybody.	**Je n'ai vu personne.**
I pay nothing. I don't pay anything.	**Je ne paie rien.**

Double (or treble!) negatives are perfectly correct in French though not in English:

Je ne paie jamais rien à personne.
I never pay anyone anything.
(I never pay nothing to no one.)

(For more on negatives, see page 231.)

Attention!

Spot the odd one out:

Je n'ai rien vu.	I saw nothing.
Je n'ai vu personne.	I saw no one.
Je n'ai jamais vu ce film.	I never saw that film.

The odd one out is **personne**, which follows the past participle and not the auxiliary.

Try it!* Essayez-le! *(2)

Only one negative form makes sense in each of the following sentences overheard in a restaurant. Which is it – **pas**, **rien**, **personne** or **jamais**?

Il n'y a _____ qui m'intéresse au menu.
Je ne vois _____ qui fume.
Ce restaurant n'est _____ ouvert demain.
Michel est impossible – il n'arrive _____ à l'heure.
Si je prends du vin, je ne peux _____ conduire ce soir.
Ils n'ont _____ de nouveau comme dessert.
Je n'ai parlé à _____ ce soir.
Je n'ai _____ dit au patron.
Je viens souvent, et il n'y a _____ de tables libres.

Dialogue 2

Propositions

Karen and Véronique, who we met in lesson 6, are leaving the office at the end of the day, at the same time as a colleague, Philippe

PHILIPPE: Vous avez le temps de prendre un café?

KAREN: J'aimerais bien, oui. Et toi, Véronique?

VÉRONIQUE: Non merci, j'aurais bien aimé, mais j'ai un rendez-vous avec ma mère et je suis déjà en retard. Ciao, Philippe – à tout à l'heure, Karen.

(*Philippe et Karen s'installent à la terrasse d'un café.*)

PHILIPPE: Je ne te vois pas souvent en dehors du boulot. J'espère quand même que tu ne passes pas tout ton temps à travailler.

KAREN: Moi? Oh, non, je sors assez souvent le soir avec Véronique. Nous allons au cinéma ou dans une boîte qu'elle connaît, et où on peut danser.

PHILIPPE: J'adore danser, moi aussi. Samedi soir, est-ce que ça te dirait de sortir avec moi? On pourrait manger au restaurant et peut-être aller danser après?

KAREN: C'est bien gentil, Philippe, et ça m'aurait fait très plaisir, mais je vais aller voir ma famille à Londres ce weekend. Peut-être une autre fois ...

PHILIPPE: La semaine prochaine, alors, je suis libre tous les soirs.

KAREN: Je te téléphonerai, d'accord? J'ai beaucoup de boulot en ce moment, et après mon weekend à Londres, je risque d'être un peu trop prise par le travail. J'aimerais bien dire oui, mais je ne suis pas sûre d'être libre. Merci tout de même pour le café!

Vocabulaire

A tout à l'heure!	See you later!
en dehors de	outside (of)
le boulot (colloq.)	work
espérer	to hope
passer son temps à (+ inf.)	to spend one's time doing
une boîte (colloq.)	night club
connaître	to know
risquer de	to be likely to
tout de même	anyway, none the less

Language points

Did you notice? Vous avez remarqué?

The verb **connaître** 'to know' is used to convey the idea of knowing/recognising/being acquainted with people, places, smells, sounds, books, pieces of music, etc.:

Tu connais ce restaurant? Oui, et je connais aussi le patron et sa femme.
Do you know this restaurant? Yes, and I know the proprietor and his wife as well.

The verb **savoir** is used for facts, for anything you know to be true:

Il sait que je ne vais pas accepter son invitation.
He knows I'm not going to accept his invitation.

Savoir (+ infinitive) is also used to convey the idea of 'knowing how to do something' (see lesson 8):

Karen sait résister aux avances de Philippe.
Karen knows how to resist Philippe's advances.

Connaître and **savoir** cannot be used one for the other.

Try it! Essayez-le! *(3)*

Fill the spaces with either **Je sais** or **Je connais**:

_____ à quelle heure arrive le train.
_____ tous les cinémas du quartier.
_____ le propriétaire de l'hôtel, et sa femme.
_____ que vous avez des difficultés financières.
_____ ce parfum – tu le mets toujours?

Giving and responding to invitations

PIERRE ET MADELEINE GOUJON

ont le plaisir de vous inviter
à dîner chez eux en toute intimité,
le samedi 10 septembre,
vers 8 heures.

Not all invitations are written or printed, of course. Often they are informal and spoken:

Vous seriez libres demain soir pour venir prendre l'apéritif chez nous?
Would you be free tomorrow evening to come for apéritifs?

Ça te dirait d'aller au cinéma ce soir?
Would you be interested to . . .?

Tu aimerais aller danser?
Would you like to . . .?

Je t'invite à prendre un pot avec moi.
Come and have a drink.

Attention!

Je t'invite often implies the additional message 'I'll pay'. So make sure you can!

To accept an invitation:

Oui, j'aimerais bien!
Oui, avec plaisir!
Oui, ça me plairait! (**plaire** 'to please')
Oui, volontiers!

or, in response to a written invitation, one of the following:

Laurent et Sophie Duclerc ont le plaisir d'accepter/acceptent avec plaisir/votre invitation pour le 13.

Laurent et Sophie Duclerc vous remercient de votre gentille invitation, et ont le plaisir d'accepter.

Saying no to an invitation

It is often difficult to refuse an invitation, especially when you are not expecting it. With spoken invitations it's a good idea to have an excuse for not saying yes:

J'aurais bien aimé, mais je dois travailler.
I would very much have liked that, but I have to work.

Cela m'aurait fait très plaisir, mais je pars chez des amis pour le weekend.
I would have been pleased to, but I'm going to friends for the weekend.

For this sort of polite refusal you can use the perfect conditional tense, which, as its name suggests, is formed from the perfect tense, but using the auxiliary **avoir** or **être** in the conditional:

Perfect conditional

J'aurais aimé ...
Nous aurions aimé ...
I/we would have loved to ... (*but ...*)

Ça m'aurait fait plaisir ...
Ça nous aurait fait plaisir ...
It would have been a pleasure ...

Ça m'aurait plu ...
Ça nous aurait plu ...
I would have been pleased to ...

Try it! Essayez-le! **(4)**

Think of polite ways of refusing these invitations:

J'ai deux billets pour l'opéra ce soir. Cela vous intéresserait de venir avec moi?
J'adore faire la cuisine. Est-ce que je peux vous proposer de manger chez moi ce soir?
Si vous êtes libre ce soir, on pourrait aller au théâtre ensemble?

Of course, you don't always have to make excuses. You can always say:

Merci, je ne peux pas.

Attention!

If you say **merci** in response to an offer or invitation, it often means '*no* thank you':

Encore du café?	**Merci!**
More coffee?	No thanks

If you want to accept, say **Je veux bien** or **Oui, s'il vous plaît**.

15 Un weekend à la campagne

A weekend in the country

In this unit you can learn about:

- how to give and follow instructions
- imperatives
- pronouns, **y**, **en**
- uses of **même**

Dialogue 1

Faisons un barbecue!

*Pierre and Madeleine Goujon are visiting Hugues and Brigitte Laffont, friends who have a second home (**une résidence secondaire**) in the Auvergne. Hugues introduces Pierre to the art of lighting a barbecue*

PIERRE: Mais il est superbe, ton barbecue! C'est un vrai monument! Tu l'as construit toi-même?

HUGUES: Oui, à l'aide d'un copain qui est très bricoleur. J'ai acheté les pièces métalliques en kit, et le reste, c'est des briques et du mortier.

PIERRE: Tu peux me montrer comment on l'allume? Je ne suis pas doué pour ce genre d'activité.

HUGUES: Alors c'est toi qui vas le faire! D'abord tu prends du papier journal et du petit bois bien sec. Tu en trouveras sous le plateau du barbecue.

PIERRE: Et les cendres du barbecue d'hier?

HUGUES: Laisse-les, ce n'est pas la peine de les enlever. Tu déchires le papier et tu en fais comme des baguettes en le tordant. Voilà, c'est parfait! Puis tu ajoutes le petit bois.

PIERRE: J'allume maintenant?

HUGUES: Non, prends d'abord le sac de charbon de bois. Tu en verses une petite quantité sur le petit bois. C'est ça! N'en mets pas trop! Tu peux l'allumer maintenant. Tiens, voici les allumettes.

PIERRE: Chouette, ça brûle! On fait cuire les merguez tout de suite?

HUGUES: Non, non, le feu n'est pas prêt. Tu continues d'y ajouter du charbon de bois, progressivement, pour en faire un petit monticule. Tiens, mets ces gants, ne te brûle pas.

PIERRE: Et quand est-ce qu'on va pouvoir commencer la cuisson?

HUGUES: Dans vingt minutes il n'y aura plus de flammes et le charbon deviendra blanc de couleur. Mais d'ici là on a le temps de prendre l'apéritif avec Madeleine et Brigitte. Allons-y!

Vocabulaire

construire	to construct
un copain (colloq.)	a friend
un bricoleur	do-it-yourself specialist
les pièces métalliques	the metal parts
des briques et du mortier	bricks and mortar
allumer	to light
doué	gifted
ce genre de	this kind of
du papier journal	newspaper (that is, paper from a newspaper)
du petit bois	firewood, twigs
sec	dry
un plateau	tray, platform
les cendres	ashes
laisser	to leave
ce n'est pas la peine de	it's not worth, not necessary to
enlever	to remove
déchirer	to tear
une baguette	(here) a rod, stick
tordant (inf. **tordre**)	twisting
ajouter	to add

le charbon de bois	charcoal
verser	to pour
des allumettes	matches
brûler	to burn
fait cuire	to cook
les merguez	merguez, a spicy sausage originally from North Africa
un monticule	a small mound
un gant	glove
la cuisson	cooking process
devenir	to become

Language points

Giving instructions

There are two easy ways of giving instructions. One is simply to use the present tense:

Tu prends du papier journal et tu le déchires.
You take some newspaper and you tear it up.

Tu laisses les cendres.
You leave the ashes.

The other way is to use a verb form known as the *imperative*:

Prends **du papier journal et** *déchire*-**le.**
Take some newspaper and *tear* it *up*.

Laisse **les cendres.**
Leave the ashes.

For giving instructions, there are imperative forms corresponding to the **tu** and **vous** forms of the present tense:

Prends **du charbon de bois.**
Prenez **du charbon de bois.**

As you see, these are formed simply by omitting the pronoun **tu** or **vous** from the present tense form. (For the verbs **avoir** and **être**, see pages 223–4.)

Imperatives formed from **-er** verbs are slightly different in that the **tu** form generally drops the final **-s**:

Tu allum*es* le feu.
Allum*e* le feu!

Attention!

Any object pronouns used with the imperative are positioned *after* the verb in the affirmative but in the normal position in the negative:

Je laisse les cendres?
Shall I leave the ashes?

Oui, *laisse-les*.
Yes, *leave them.*

Non, *ne les laisse pas*.
No, *don't leave them.*

Je prends le charbon de bois?
Shall I get the charcoal?

Oui, *prends-le*.
Yes, *get it.*

Non, *ne le prends pas*.
No, *don't get it.*

Try it! Essayez-le! *(1)*

Can you put these instructions into the correct sequence?

Faites cuire les merguez.
N'enlevez pas les cendres.
Attendez vingt minutes.
Ajoutez du petit bois.
Mettez des gants.
Prenez du papier.
Versez du charbon de bois.
Mettez le papier sur le plateau.
Allumez le feu.

Now try filling in the missing 'yes' or 'no' response in the following exchanges:

Je prépare le barbecue?	Oui, préparez-le.
	Non, _____.
Je prends du papier journal?	Oui, prenez-en.
	Non, _____.
Je mets du charbon de bois?	Oui, _____.
	Non, n'en mettez pas.
Je sors les merguez du frigo?	Oui, _____.
	Non, ne les sortez pas.
Je prends les allumettes?	Oui, _____.
	Non, ne les prenez pas.
Je mets vos gants?	Oui, _____.
	Non, _____.
J'appelle les enfants?	Oui, appelez-les.
	Non, _____.

Why not try the same exercise using the **tu** form in the answers?

Barbecues et Sécurité

- En cas de difficulté d'allumage ou de ré-allumage, n'utilisez jamais d'alcool, essence ou autre combustible liquide. Ils sont responsables de trop d'accidents dramatiques.

- Ne faites pas de barbecues quand il y a beaucoup de vent, surtout en période de sécheresse: la moindre flammèche peut mettre le feu à l'herbe desséchée.

- Restez vigilant: surveillez constamment le progrès du feu.

- Empêchez les enfants de jouer trop près du barbecue.

Allons-y!

There is a form of the imperative for **nous** as well as for **tu/vous** in French. There is no direct equivalent of this in English:

Sortons les merguez du frigo.
Let's get the merguez sausages out of the fridge.

It is mainly used with very common verbs such as **aller**, **faire**, **prendre**, etc.:

Alors, allons au restaurant.
In that case let's go to the restaurant.

Dialogue 2

Un jardin sauvage

Brigitte Laffont runs a florist's shop in their home town, and so it is no great surprise that their country home has a garden full of interest. Madeleine is particularly attracted by the emphasis on wild flowers and plants

MADELEINE: J'adore ton jardin, Brigitte, les fleurs sont si naturelles, et il y a aussi du blé, comme dans les champs!

BRIGITTE: Oui – mais tu y vois des fleurs qui sont de plus en plus rares dans les champs, à cause de tous les produits chimiques qu'on utilise maintenant pour protéger les céréales.

MADELEINE: Mais est-ce que tu as créé ce jardin toi-même, ou est-ce qu'il a poussé naturellement?

BRIGITTE: Non, je l'ai créé moi-même, mais ce n'est pas difficile. Je vais te dire le secret. Tu prépares bien ton terrain, tu y sèmes les graines des fleurs en automne, en même temps que les graines des céréales. Toutes ces plantes poussent et fleurissent au même rythme, et à la fin de l'été les graines retombent – et voilà un nouveau cycle qui commence!

MADELEINE: Et c'est tout?

BRIGITTE: Oui, plus ou moins. Tu bêches bien la terre, et tu enlèves les racines des mauvaises herbes comme le pissenlit et le liseron. Et surtout, en préparant la terre, n'y ajoute pas d'engrais, les fleurs des champs n'aiment pas la terre fertile!

MADELEINE: J'aimerais bien essayer de créer un jardin comme ça chez nous. Tu peux me donner les détails des plantes?

BRIGITTE: Je peux même te passer l'article qui m'a donné l'idée. Je l'ai trouvé dans une revue.

MADELEINE: Merci beaucoup. Et des graines de fleurs sauvages, je peux en acheter?

BRIGITTE: Oui, tu en trouveras chez les marchands spécialisés. Mais je vais t'en donner!

Vocabulaire

un jardin	garden
le blé	corn, wheat
un champ	field
de plus en plus	more and more
à cause de	because of
les produits chimiques (masc.)	chemicals
les céréales (fem.)	cereals
créer	to create
pousser	to grow, push
semer	to sow
les graines (fem.)	seeds
fleurir	to flower, flourish
bêcher	to dig
la terre	earth
une racine	root
les mauvaises herbes (fem.)	weeds
le pissenlit	dandelion
le liseron	bindweed
l'engrais (masc.)	fertiliser
essayer	to try
une revue	magazine
une fleur sauvage	wild flower
un marchand	supplier, merchant, shopkeeper

Language points

Shortening sentences by using the pronoun y

The pronoun **y** can be used to replace phrases beginning with prepositions such as **à**, **dans**, **sur**, **sous**, **devant**, **derrière**, **chez**:

Tu vas chez le marchand de fleurs? Oui, j'y vais ce matin.
Are you going to the florist's? Yes, I'm going (there) this morning.

Le bouquet de roses était sur la table de la cuisine. Il n'y est plus.
The bunch of roses was on the kitchen table. It isn't there any more.

J'ai cherché cette fleur dans le catalogue de graines mais je ne l'y trouve pas.

I've looked for this flower in the seed catalogue but I can't find it (there).

Did you notice? Avez-vous remarqué?

The pronoun **y** is often present in French where in English it would be omitted.

Allons-y means 'Let's go', but **Vas-y** and **Allez-y** are used for general encouragement or urging, equivalent to 'Go on!'

Y is used in the same position as object pronouns such as **me**, **te**, **le**, **les**, etc.

Est-ce que je vais à la piscine?   Non, je n'y vais pas.
                                      Je n'y suis jamais allé.
                                      Je n'ai pas l'intention d'y aller.
                                      Je ne veux pas y aller.
                                      Allez-y si vous voulez!
                                      Mais n'y allez pas trop souvent.

Let's try it! Essayons-le! *(2)*

Can you match the answers with the questions:

Le catalogue est dans ton bureau?	Non, n'y ajoute rien.
Tu passes souvent devant le magasin?	Oui, ils y sont.
J'ajoute de l'engrais à la terre?	Non, je ne l'y vois pas.
Mes gants sont sous le barbecue?	Oui, allez-y!
Tu vas au barbecue?	J'y passe, mais rarement.
J'allume le feu?	Oui, j'y vais.

Shortening sentences by using the pronoun en

En replaces **de** (or one of its forms) + noun, and like **de**, carries a variety of meanings:

Vous avez des roses?
Have you *any* roses?

Oui, nous en avons.
Yes, we have (*some*).

Mais vous n'avez pas d'iris?
But you haven't *any* iris?

Non, nous n'en avons pas.
No, we haven't (*any*).

Alors donnez-moi des roses rouges. J'en prends une douzaine.
Then could you give me some red roses. I'll take a dozen (*of them*).

Vous avez vu les nouvelles variétés de roses blanches? Tout le monde en parle.
Have you seen the new varieties of white rose? Everybody is talking *about them*.

Attention!

En is positioned in the sentence in the same way as object pronouns such as **me**, **te**, **lui**, **les**, etc.:

> De l'alcool? Je n'en prends jamais.
> Je n'en ai jamais pris.
> Je ne vais jamais en prendre.
> Je refuse d'en acheter.
> N'en achetez pas pour moi.
> Achetez-en pour vous si vous voulez.

The uses of **même**

- With emphatic pronouns **toi**, **moi**, etc. to add further emphasis:

  Tu l'as construit toi-même?
  Did you build it yourself?

- As an adverb meaning 'even':

  Je peux même te donner des graines.
  I can even give you some seeds.

- As an adjective meaning 'same':

  Tu sèmes le blé en même temps.
  You sow the corn at the same time.

A vous maintenant! Voici l'article que Brigitte a passé à Madeleine. Si vous avez un jardin, pourquoi ne pas créer vous-même votre jardin sauvage?

Symphonie pastorale pour une bordure

Notre selection

Le charme des chemins de campagne, l'été, n'est-ce pas la présence des coquelicots, bleuets ou marguerites? Si le coquelicot est encore présent partout, grâce à son exceptionelle résistance et à la grande longévité de ses graines, les autres annuelles et bisannuelles sont de plus en plus rares. Nous vous proposons de mettre en place, chez vous, une petite parcelle de céréales, et d'y ajouter les 'mauvaises herbes' les plus charmantes.

- **La nielle des blés** (*Agrostemma githago*) est une grande plante de 60 à 90 cm de haut, d'aspect argenté, aux fleurs rose pourpre, marquées de blanc au centre.

- **Le coquelicot** (*Papaver rhoeas*) donne des fleurs écarlates de juin à août, à l'extremité de longues tiges souples.

- **Le pied d'alouette** (*Delphinium consolida*) porte des fleurs d'un bleu profond, parfois roses et blanches.

- **La matricaire** (*Matricaria inodora*) jouera le rôle de la 'marguerite'. Les petites fleurs blanches à cœur jaune, très nombreuses, forment à elles seules un décor éclatant.

- **Le bleuet** (*Centaurea cyanus*) est une plante de 20 cm à 1 m de hauteur, qui offre une floraison bleue de juin à août.

- **Le chrysanthème des moissons** (*Chrysanthemum segetum*) porte de nombreuses fleurs jaunes de juillet à septembre, souvent rampant en bordure de champ, il peut atteindre 20 à 50 cm de haut.

La mise en place

Toutes ces plantes ont un cycle de végétation analogue à celui des céréales. Elles fleurissent en même temps que le blé et leurs graines tombent au sol lors de la moisson, assurant la perpétuation de l'espèce.

- Choisissez une bande de terrain ensoleillé, où le sol est bien drainé.

- Bêchez et éliminez scrupuleusement les racines des vivaces telles que l'oseille, le pissenlit, la trèfle ou le liseron.

- Semez puis ratissez pour enfouir légèrement les graines.

Les dernières belles journées d'automne permettront la germination et l'ancrage des jeunes plantes dans le sol. Au printemps, la végétation redémarrera et début juin, votre petit champ aura déjà belle allure. Il sera à son apogée en juillet et continuera à vivre jusqu'en septembre. Puis vous arracherez l'ensemble, vous laisserez tomber les graines au sol, et vous grifferez vigoureusement pour éliminer les jeunes pousses de vivaces. Après deux ou trois années de culture, vous récolterez les graines et nettoierez soigneusement la parcelle.

Vocabulaire

une bordure	flower border
un coquelicot	poppy
un bleuet	cornflower
une marguerite	daisy
grâce à	thanks to
la nielle des blés	corncockle
écarlate	scarlet
une tige	stem
le pied d'alouette	larkspur
la matricaire	scentless mayweed
le chrysanthème des moissons	corn marigold
ramper	to creep
le sol	ground
lors de	at the time of
atteindre	to reach, attain
une espèce	species, kind
une racine	root
l'oseille	sorrel
le pissenlit	dandelion
le trèfle	clover
le liseron	bindweed
ensoleillé	sunny (position)
semer	to sow
ratisser	to rake
enfouir	to bury
légèrement	lightly, slightly
redémarrer	to restart
arracher	to pull out, remove
griffer	to scratch, hoe
récolter	to harvest

16 Vêtements et chaussures

Clothes and shoes

In this unit you can learn about:

- making decisions when choosing clothes and shoes
- talking about colours, sizes and styles
- **lequel?, celui-ci**, etc.
- some uses of the subjunctive
- **ne . . . que**

Dialogue 1

Choix de chaussures

Jacqueline Callot wants to buy some sandals for her summer holiday. She sees a pair she likes in a shop window

VENDEUSE: Bonjour, madame. Vous désirez?

JACQUELINE: J'ai vu des sandales blanches à 375 francs en vitrine.

VENDEUSE: Oui, madame, vous pourriez me montrer lesquelles?

JACQUELINE: Celles-là, au fond à gauche. Est-ce que je pourrais les essayer?

VENDEUSE: Oui, madame. Vous voulez quelle pointure?

JACQUELINE: Normalement 37.

VENDEUSE: Je suis désolée, mais je n'ai plus de 37 dans ce modèle-là. Je n'ai que du 39, elles seront certainement trop grandes. Si je peux vous proposer d'autres sandales, j'ai celles-ci en blanc ou en crème, un petit peu plus hautes de talon, mais très agréables à porter. Ou bien, j'ai celles-ci, qui sont très à la mode cette année, très fines, très élégantes et idéales pour le soir.

JACQUELINE: Non, j'aurais préféré quelque chose qui fasse moins habillé. Ce modèle-là derrière vous – oui celui-là, en gris clair – est-ce qu'il existe aussi en blanc?

VENDEUSE: Non, madame. Mais je l'ai aussi en bleu marine, et c'est en solde, à 390 francs.

JACQUELINE: C'est dommage que vous ne l'ayez pas en blanc: j'aurais été tentée. Je vais réfléchir, merci. Au revoir.

VENDEUSE: Au revoir, madame et merci.

Vocabulaire

la vitrine	shop window
lequel? laquelle?	which one?
au fond	at the back
la pointure	shoe size
je n'ai plus de	I haven't any . . . left
je n'ai que . . .	I've only got . . .
haut de talon	high-heeled
habillé	dressed, dressy
clair	light
bleu marine	navy blue
en solde	reduced (sale price)
C'est dommage que . . .	It's a shame that . . .
tenter	to tempt
je vais réfléchir	I'll think about it

Language point

Pointing things out

To ask the question 'which one?' in French, use one of the forms of **lequel?** To say 'this one/that one' use one of the forms of **celui-ci** or **celui-là**.

Je vais essayer . . .
I'm going to try on . . .

	Which one?	This one/that one.
un chemisier a blouse	**Lequel?**	**Celui-ci/celui-là.**
une jupe a skirt	**Laquelle?**	**Celle-ci/celle-là**
		These/those (ones)
des gants (masc.) some gloves	**Lesquels?**	**Ceux-ci/ceux-là.**
des bottes (fem.) some boots	**Lesquelles?**	**Celles-ci/celles-là.**

The suffixes **-ci** and **-là** can also be added to nouns themselves:

Je préfère *ce* chemisier-*ci*.
cet anorak-*là*.
cette jupe-*là*.
ces gants-*là*.
ces bottes-*ci*.

Choosing colours

Here is a list of colours. Can you identify them? Look up the ones you don't know.

blanc	gris	lilas*
noir	gris clair*	marron*
jaune	gris foncé*	marron clair*
jaune citron*	vert	marron foncé*
bleu	vert olive*	rouge
bleu ciel*	vert pomme*	rouge vif*
bleu clair*	vert clair*	rouge cerise*
bleu foncé*	vert foncé*	bordeaux*
bleu marine*	mauve	rouge orange*
bleu-gris*	beige	écarlate
rose	crème*	

Colours marked * are invariable forms – they do not change to agree with the number and gender of the noun.

Try it! Essayez-le! *(1)*

Choose half a dozen items from the list below. Try asking if the shop has these items in your choice of colours:

Modèle: Ce chemisier, est-ce que vous l'avez en _____?
(couleur)
Ces gants, vous les avez en _____?

A vous maintenant:

		Femme	Homme
des vêtements (masc.)	clothes	✓	✓
des sous-vêtements	underclothes	✓	✓
une robe	dress	✓	
un pull	pullover	✓	✓
un pantalon	(pair of) trousers	✓	✓
un jean	jeans	✓	✓
une robe de chambre	dressing gown	✓	✓
un tailleur	suit	✓	
un costume	suit		✓
une veste	jacket	✓	✓
un manteau	coat	✓	✓
un pardessus	overcoat		✓
un imper (imperméable)	raincoat	✓	✓
un anorak	anorak	✓	✓
un blouson	bomber jacket	✓	✓
un chapeau	hat	✓	✓
un gilet	waistcoat	✓	✓
une chemise	shirt		✓
un chemisier	blouse	✓	
un sweatshirt	sweatshirt	✓	✓
un survêtement	tracksuit	✓	✓
un short	(pair of) shorts	✓	✓
une jupe	skirt	✓	
une jupe-culotte	culotte	✓	
des collants	tights	✓	
des bas	stockings	✓	
des chaussettes	socks	✓	✓
un soutien-gorge	bra	✓	
un slip	knickers/pants	✓	✓
des chaussures	shoes	✓	✓
des trainers	training shoes	✓	✓
une ceinture	belt	✓	✓

Which do you prefer? Point out your choice, following the example of the model:

> *Modèle*: Regarde ces jupes. Laquelle préfères-tu?
> Je préfère celle-là/celle-ci.

(You can use either **celle-là** or **celle-ci** for pointing out items on a page.)

To ask about sizes

For shoes: **Vous voulez quelle pointure?**
                    Vous chaussez du combien?
                    What size shoe do you take?

For clothes: **Vous faites quelle taille?**
                    What size are you?

Size conversion chart

Women's shoes

British	4	4.5	5	5.5	6	6.5	7
French	37	37.5	38	39	39.5	40	40.5

Women's clothes

British	8	10	12	14	16	18
French	–	38	40	42	44	46

Men's shoes

British	7	8	9	10	11	12	13
French	40.5	42	43	44.5	45.5	47	48

Men's shirts

British	14	14.5	15	15.5	16	16.5	17
French	36	37	38	39/40	41	42	43

Men's jackets and coats

British	36	38	40	42	44	46	48
French	46	48	50	52	54	56	58

Dialogue 2

Le cadeau d'anniversaire

Pierre Goujon has to exchange a shirt he has been given as a present

PIERRE: J'ai eu cette chemise comme cadeau d'anniversaire, mais c'est la mauvaise taille. Est-ce que vous pouvez me la changer?

VENDEUR: Bien sûr, monsieur. Est-ce que vous avez le ticket de caisse?

PIERRE: Oui, voilà.

VENDEUR: Vous faites quelle taille, monsieur?

PIERRE: Du 37.

VENDEUR: Je suis désolé mais nous n'avons plus cette chemise-là en 37, monsieur.

PIERRE: Ce n'est pas grave. De toute façon, je n'aime pas tellement les chemises à rayures, j'aurais préféré un tissu uni. Ma mère a voulu acheter la chemise sans que je le sache, et elle ne connaît pas très bien mes goûts.

VENDEUR: En chemises unies nous avons cette gamme-là en 100 pour cent (%) coton, dans des tons très à la mode. Ou bien il y a cette série-là qui est un mélange de 65 pour cent polyester et 35 pour cent coton ...

PIERRE: Ah, non, il faut absolument que ce soit 100 pour cent coton. Je crois que je vais me décider pour celle-ci, en rose pâle. Elle fait quel prix?

VENDEUR: 320 francs, monsieur. Et n'oubliez pas de prendre la bonne taille!

Vocabulaire

un cadeau d'anniversaire	birthday present
la mauvaise taille	the wrong size
la bonne taille	the right size
un ticket de caisse	till receipt
Ce n'est pas grave.	It's not important.
de toute façon	in any case
à rayures	striped, with stripes
un tissu	fabric
uni	plain
sans que je le sache	without my knowing
le goût	taste
une gamme	range
un ton	shade, colour, tone
un mélange	mixture

Language points

Try it! Essayez-le! *(2)*

Vrai ou faux?

Pierre adore les chemises à rayures.
Pour lui, 37, c'est la mauvaise taille.
Il avait acheté la chemise pour sa mère.
Il aime les tissus unis.
Il choisit un mélange polyester/coton.

Choosing your fabric

On peut acheter une chemise/un chemisier ...

en coton	cotton
en mélange polyester/coton	polyester/cotton blend
en soie	silk
en laine	wool
en nylon	nylon
ou même ... en cuir	leather

Try it! Essayez-le! *(3)*

Can you complete the French items and match them to the English equivalent?

un chemisier en _____ bleu clair	black leather shoes
un _____ en cuir noir	an olive green skirt
une veste pure laine _____	a size 38 shirt in cream
une chemise en coton _____	a black leather waistcoat
des chaussures _____	a light blue silk blouse
_____ en polyester/coton	a dark grey pure wool jacket
une jupe _____	a striped cotton shirt
une chemise _____ en crème	a tracksuit in polyester/cotton

Did you notice? Avez-vous remarqué?

The forms **ne ... plus** and **ne ... que** appear in this unit. **Ne ... plus** 'no more, no longer':

Je n'ai plus ce manteau-là en votre taille.
I no longer have that coat in your size.

Nous n'avons plus de sandales en solde.
We haven't any sale-price sandals left.

Ne ... que 'only':

Dans cette taille-là nous n'avons que le gris foncé.
In that size we've got only the dark grey.

Je n'aime que les tons clairs.
I like only light colours.

Elle n'achète que des sous-vêtements en soie.
She buys only silk underwear.

Attention!

In French the **que** in **ne ... que** must be placed in front of the word it limits. In English it is often 'misplaced', so the English versions of the examples would most likely have read:

In that size we've only got the dark grey.
I only like light colours.
She only buys silk underwear.

Try it! Essayez-le! (4)

Can you play the role of the customer in this dialogue (if you are learning with a partner, you can take it in turns to be the salesperson):

VENDEUR: [Monsieur/madame], je peux vous aider?
VOUS: *You would like to buy a dressing gown.*
VENDEUR: C'est pour vous-même?
VOUS: *No, it's for your father.*
VENDEUR: Alors, j'ai celle-ci, en soie, qui est très élégante ...
VOUS: *You would prefer something in cotton.*
VENDEUR: Oui, nous avons cette gamme-là en 100 pour cent coton, très confortable et assez légère. Il fait quelle taille, votre père?
VOUS: 54.
VENDEUR: En 54, j'ai celle-ci en blanc, en beige, en vert foncé, et en bleu marine.
VOUS: *Your father prefers dark colours. You will take the navy blue. What price is it?*
VENDEUR: Elle fait 480 francs. Je vous fais un paquet cadeau?
VOUS: *Yes, please.*

Introducing the subjunctive

You may have noticed:

(Dialogue 1) **C'est** *dommage que* **vous ne l'***ayez* **pas en blanc.**
(Dialogue 2) **...** *sans que* **je le** *sache*

Ayez and **sachez** are subjunctive forms of the verbs **avoir** and **savoir**. The subjunctive is required in French in a variety of situations introduced by the word **que** which will be illustrated in later lessons. It is in fact a very easy form to produce, if you take the normal present tense, third-person plural as your starting point:

Third-person plural, present tense	*Subjunctive*
ils cherchent	que je cherch*e*
	tu cherch*es*
	il cherch*e*
	nous cherch*ions*
	vous cherch*iez*
	ils cherch*ent*
ils choisissent	que je choisiss*e*
	tu choisiss*es*
	il choisiss*e*
	nous choisiss*ions*
	vous choisiss*iez*
	ils choisiss*ent*
ils vendent	que je vend*e*
	tu vend*es*
	il v*e*nd*e*
	nous vend*ions*
	vous vend*iez*
	ils vend*ent*

Forming the subjunctive is easy because the endings are those of the **-er** verbs, except for the extra **i** in the **nous** and **vous** forms. And it's easy because there aren't many exceptions:

aller	que j'aille	pouvoir	que je puisse
avoir	que j'aie	savoir	que je sache
être	que je sois	vouloir	que je veuille
faire	que je fasse		

(For full details of irregular subjunctives, see pages 223–31.)

Try it! Essayez-le! *(5)*

You are disappointed about the following statements. Try saying so by starting each sentence with **C'est dommage que ...**

Modèle:
Tu ne peux pas trouver de sandales blanches.
C'est dommage que tu ne *puisses* pas trouver de sandales blanches.

A vous maintenant:

Elle n'aime pas ce gilet.
Marc ne met jamais ses nouvelles chaussures.
Janine déteste les trainers.
Tu choisis toujours des couleurs foncées.
Ce survêtement n'existe pas en bleu.
Vous n'avez pas la bonne taille.
Pierre ne vient pas avec nous.
Le magasin ferme à midi.

17 On cherche une maison

House hunting

In this unit you can learn about:

- buying a house in the country
- stating priorities and conditions
- expressing fears, doubt and uncertainty
- uses of the subjunctive

Dialogue 1

La maison de nos rêves

Mark Jackson, an English doctor, and his wife Laure, who is French, are looking for a country cottage in the Orne département in Normandy. They call in on an estate agent, Roland Calvet, at le Mans, for information

MARK: Nous envisageons d'acheter une résidence secondaire dans la région, et on nous a dit que vous avez toujours un très bon choix de propriétés.

M. CALVET: Je suis très content qu'on nous ait recommandé et je suis sûr qu'on va pouvoir vous aider. Si vous voulez bien vous asseoir, nous pourrions voir ce que vous souhaitez. Tout d'abord, quelques questions générales. Est-ce que vous préférez une maison ancienne ou quelque chose de moderne?

LAURE: Nous sommes attirés par l'idée d'une maison ancienne, il y en a de très jolies dans la région.

M. CALVET: Oui. c'est vrai. Et cette maison, vous préférez qu'elle soit déjà rénovée, ou est-ce que vous proposeriez de la rénover vous-mêmes?

MARK: Je suppose qu'une maison à rénover serait moins chère, et pourvu qu'il y ait l'eau et l'électricité, et qu'on puisse au moins y habiter sans avoir trop froid, cela nous conviendrait.

M. CALVET: Je suis tout à fait d'accord avec vous. Vous ferez des économies importantes, et en même temps vous aurez le plaisir de transformer la maison selon vos propres idées. Une autre question, si vous permettez – vous cherchez quelque chose en ville, ou dans un village, ou en pleine campagne?

LAURE: De préférence dans un village – et il faut absolument qu'il y ait un terrain assez grand pour pouvoir faire un jardin potager et pour que les enfants puissent y jouer.

M. CALVET: Il vous faudrait combien de pièces?

LAURE: Le plus important, c'est qu'il y ait trois chambres, ou la possiblité d'en créer rapidement en transformant les combles.

M. CALVET: Et est-ce que vous avez une idée du prix que vous voulez payer?

MARK: Notre limite serait autour de 500 000 francs, et j'aimerais bien que ce soit moins s'il y a de gros travaux à faire.

M. CALVET: Entendu. Je vais vous montrer quelques propriétés dans nos listes.

Vocabulaire

un agent immobilier	estate agent
envisager de	to envisage
une propriété	a property
un choix	choice
attirer	to attract
rénover	to restore, renovatc
pourvu que . . .	provided that . . .
convenir	to suit
des économies (fem.)	savings
selon	according to
propre	(before noun) own
en pleine campagne	in the depths of the country

un jardin potager	a vegetable garden
une pièce	(here) a room
les combles	the roof-space
autour de	around, about, approximately

Language points

Expressing priorities

Il faut absolument que la maison *ait* un jardin.
Le plus important c'est que les enfants *puissent* jouer en sécurité.
Nous préférerions que la maison *soit* déjà rénovée.
Je voudrais surtout que l'agent immobilier nous *trouve* une maison pittoresque.
Il est essentiel que le chauffage *fonctionne* bien.

When used with **que** all of the above expressions are followed by a subjunctive, since one of the most common uses of the subjunctive is with expressions of *wish*, *preference* or *necessity*. (For more details, see pages 237–8.)

Attention!

None of the above expressions is followed by a subjunctive if the subject of both verbs in the sentence is the same. Here are some contrasted examples to make the point more clearly:

Je voudrais **surtout** *aller* **visiter la maison.**
(I am doing the wishing *and* the visiting – so verb + infinitive)

Je voudrais **surtout** *que vous alliez* **visiter la maison.**
(I am doing the wishing but *you* are doing the visiting – subjunctive required)

This distinction is the key to the use of the subjunctive in French, and needs special care for English-speaking learners, because in English both ideas are expressed in the same way:

I would like *to visit* the house.
I would like *you to visit* the house.

This last construction does not exist in French. You have to say the equivalent of 'I would like that you should visit ...'

Try it! Essayez-le! *(1)*

La maison de mes rêves 'the house of my dreams'. Here is a list of features taken from advertisements of houses for sale. Mark each feature 1, 2 or 3 to indicate where it would stand in your own priorities:

1 **Essentiel**, 'essential'
2 **Souhaitable**, 'desirable'
3 **Pas nécessaire**, 'not necessary'

❏ **(une) cuisine aménagée**	modernised/fitted kitchen
❏ **(des) poutres apparentes**	exposed beams
❏ **(un) grand séjour**	large living room
❏ **(une) cheminée d'origine**	original fireplace
❏ **complètement rénovée**	fully restored
❏ **(un) garage**	garage
❏ **(le) double vitrage**	double glazing
❏ **(des) dépendances**	outbuildings, stores
❏ **(une) cave**	cellar
❏ **(un) terrain de 500m2**	500 square metres of land
❏ **(un) terrain d'1ha.**	one hectare (10,000 square metres) of land
❏ **(une) toiture neuve**	new roof
❏ **(le) chauffage central**	central heating
❏ **(au) centre ville**	town centre
❏ **(des) commerces tout près**	shops nearby

Now that you have marked your priorities, write them down. We've done one or two for you:

La maison de mes rêves?

Le plus important c'est . . .	**qu'elle ait un garage.** that it should have . . .
Il faut absolument . . .	**qu'il y ait des dépendances.** that there should be . . .
Je voudrais surtout . . .	**qu'elle soit au centre ville.** that it should be . . .
Je préférerais . . .	**qu'il y ait des commerces tout près** that there should be . . .

You can also try saying what isn't important:

Il n'est pas essentiel que . . .

Subjunctive: other uses

We've seen that the subjunctive is frequently required after expressions of wish, preference or necessity. The subjunctive is also frequently required after expressions indicating your reaction to something (pleasure, sadness, fear, surprise, anger, disappointment and so on):

Je suis content	**qu'ils aient choisi cette maison**
I'm (pleased)	(that) they have chosen this house.
désolé (sorry)	
étonné (surprised, astonished)	
déçu (disappointed)	
furieux (angry)	

(For more details, see page 237.)

Attention!

Remember, you don't need the subjunctive if the subject of both verbs is the same:

Je suis content (etc.) **d'avoir choisi cette maison.**
(*I* am pleased and *I* have chosen.)

The subjunctive is also required after a range of fixed phrases, such as:

pourvu que ...	**J'achète la maison pourvu qu'il n'y ait pas d'humidité.**
provided that, as long as ...	I'll buy the house as long as there's no dampness.
sans que ...	**Le propriétaire a vendu la maison sans que l'agent immobilier soit au courant.**
without ...	The owner sold the house without the estate agent being aware

(For more details, see page 238.)

Try it! Essayez-le! *(2)*

The house of your dreams needs some work to be done before you will buy it. You have made a note of the key items:

> toiture – remplacer
>
> cuisine – aménager
>
> jardin – dégager
>
> radiateur (chambre) – réparer

Now you are talking to the owner. Say you will buy the house provided that (**pourvu que ...**) he does the things you've listed.

Dialogue 2

La visite

With the help of their estate agent, Mark and Laure have visited several houses in the area, but so far without finding their dream home. Then Laure spots this advertisement in a national property guide

LA MESNIERE (61) 160km Paris. Ferme isolée, dans cadre de verdure. Commerces 5km. 120m2 habitables. Au rez-de-chaussée: entrée, cuisine, salle à manger, grande cheminée, poutres, salon 34m2, salle de bains, chambre. Au 1er: grande chambre, combles aménageables. Nombreuses dépendances + petite maison séparée avec cheminée. Terrain 3500m2, arbres, fleurs, mare, belle vue. 490.000 F.(1) 42.54.10.29

They telephone the owner, Madame Guibert, and arrange a visit. We join them at the end of their tour of the house

LAURE: Vous avez une belle maison, madame, qui nous plaît beaucoup. Elle est à vendre depuis longtemps?

MME GUIBERT:	Non, je l'ai mise en vente il y a une quinzaine de jours. J'ai hésité longtemps avant de me décider, mais depuis le décès de mon mari, je passe de moins en moins de temps ici, et j'ai peur que la maison souffre si elle n'est pas utilisée. Et d'ailleurs il y a des travaux de rénovation à l'étage qui sont loin d'être terminés. Vous êtes bricoleur, monsieur?
MARK:	Oui, je n'ai pas peur de ce genre de travail, et de toute façon il faudrait qu'on aménage une troisième chambre le plus vite possible. Par ailleurs, j'ai remarqué qu'il y a une fuite d'eau et de l'humidité dans la salle de bains.
MME GUIBERT:	Oui, il paraît que c'est à cause d'un problème avec la douche. J'ai demandé au plombier de s'en occuper, mais je ne suis pas sûre qu'il l'ait fait. Il n'est pas impossible qu'il soit chez lui en ce moment. Vous voulez que je le fasse venir?
MARK:	Oh, non, madame, ce n'est pas la peine. Comme vous voyez, nous sommes très intéressés par cette maison, mais je ne sais pas si on pourrait mettre la somme que vous demandez. Est-ce que 490 000 serait votre dernier prix?
MME GUIBERT:	Faites-moi une proposition, monsieur, et puis on en parlera!

Vocabulaire

un cadre de verdure	rural setting
le rez-de-chaussée	ground floor
une mare	pond
qui nous plaît beaucoup	which we like a lot
à vendre	for sale
en vente	on sale
depuis	since
il y a une quinzaine de jours	a fortnight ago
le décès	death
souffrir	to suffer
par ailleurs	incidentally
une fuite d'eau	a leak (of water)

l'humidité	dampness
la salle de bains	bathroom
il paraît	it appears
paraître	to appear
une douche	shower
un plombier	plumber
s'occuper de	to deal with, sort out
ce n'est pas la peine	there's no need
dernier, dernière	last

Language points

Fear, doubt, uncertainty and possibility

J'ai peur que la maison souffre.
I fear the house will suffer.

Je ne suis pas sûre qu'il l'ait fait.
I'm not sure that he has done it.

Il n'est pas certain que . . .
It's doubtful whether . . .

Je doute que . . .
I doubt whether . . .   le plombier soit chez lui.

Il n'est pas impossible que . . .
It could be that . . .
    It's not impossible that . . .

(For more details, see page 238.)

Try it! Essayez-le! *(3)*

What do you think will happen after the Jackson's visit? Tick the box:

❑ Il est certain que les Jackson feront une offre.
❑ Il est possible qu'ils fassent une offre.
❑ Je doute qu'ils fassent une offre.

❑ Je crois qu'ils offriront 490.000F.
❑ Je doute qu'ils offrent 490.000F.

❑ Il est certain que Madame Guibert accepterait 450.000F.
❑ Il est possible qu'elle accepte 450.000F.
❑ Je doute qu'elle accepte 450.000F.

❑ Je crois que les Jackson ont trouvé la maison de leurs rêves.
❑ Je ne crois pas qu'ils aient trouvé la maison de leurs rêves.

Saying how long something has been going on

La maison de Madame Guibert est en vente depuis quinze jours.
Madame Guibert's house has been on sale for a fortnight.

Did you notice? In French one says 'The house *is* on sale *since* a fortnight'. The use of the present tense with **depuis** is quite logical, since we are saying that the house is *still* on sale.

Saying how long ago it happened

J'ai visité la maison il y a un mois.
I visited the house a month ago.

Le plombier a réparé la douche il y a deux jours.
The plumber repaired the shower two days ago.

Try it! Essayez-le! *(4)*

Fill the gap with either **depuis** or **il y a**:

Les Jackson cherchent une maison de campagne _____ un an.
Ils sont allés voir l'agent immobilier _____ trois semaines.
Ils ont vu l'annonce de Mme Guibert _____ deux jours.
La maison est à vendre _____ quinze jours.
Il y a une fuite dans la douche _____ quelques semaines.
Mme Guibert a téléphoné au plombier _____ trois jours.

Why do you think the Jacksons passed over the following houses for sale in the same area?

MORTAGNE AU PERCHE (61) 140 km Paris. Maison de bourg, rez-de-chaussée: entrée, chambre, grand séjour avec cheminée, cuisine. Etage: 3 chambres, salle de bains, wc, grenier aménageable. Cave. Jardin clos 500m2. Dépendances. Chauffage central gaz. 670.000 F. (1) 45.67.51.32 soir.

ST JEAN DE LA FORET (61)
1h30 Paris. Petite propriété:
maison en pierre: entrée, salle
à manger et cheminée, cuisine,
wc, grande cave. A l'étage:
1 chambre, wc, cabinet toilette.
Garage 2 voitures, dépen-
dances. Jardin 600m2, arboré
et fleuri. 320.000 F. 76.05.81.23
(si absent laisser message
répondeur)

18 Négociations

Negotiations

In this unit you can learn about:

- letter writing
- indirect speech
- relative pronouns

Dialogue 1

L'offre

Back in England, Mark and Laure Jackson are discussing their next moves in their negotiations with Madame Guibert. They are about to write to her

LAURE: Alors qu'est-ce qu'on va dire à Madame Guibert dans cette lettre?

MARK: Tout d'abord il faut lui dire que nous sommes toujours interéssés. J'ai un peu peur qu'elle vende la maison à quelqu'un d'autre.

LAURE: Mais elle nous a dit qu'elle nous préviendrait si elle avait d'autres offres. Je pense qu'il faut surtout bien juger le prix qu'on va lui proposer. Si notre offre est trop basse, elle se dira que nous ne sommes pas sérieux, mais en même temps il ne faut pas la payer trop cher, cette maison.

MARK: Demande-lui si elle accepterait 450 000 F. Tu peux toujours lui rappeler que les travaux à l'étage ne sont pas terminés, et que nous aurons des dépenses asscz importantes pour aménager la troisième chambre.

LAURE: Et si elle refusait notre offre?

MARK: Je suppose qu'on pourrait aller un peu plus loin, jusqu'à 470 000, mais dans ce cas-là je lui demanderais d'inclure dans la vente quelques meubles, les lits par exemple, et les meubles du jardin, et peut-être aussi la tondeuse, le congélateur, la cuisinière. J'ai l'impression que ça l'arrangerait si elle n'était pas obligée de tout enlever.

LAURE: D'accord. Est-ce qu'il y a d'autres choses à lui dire cette fois?

MARK: On devrait lui rappeler qu'elle allait faire réparer la fuite dans la salle de bains.

LAURE: Et je lui dirai aussi qu'on aimerait bien que l'achat soit fait avant la fin de l'année, d'accord? On est début septembre maintenant, ça doit être possible.

Vocabulaire

tout d'abord	first of all
quelqu'un d'autre	someone else
prévenir	to warn
rappeler	to remind
une dépense	expense
inclure	to include
des meubles	furniture
un meuble	piece of furniture
une tondeuse	lawn mower
un congélateur	deep freeze
une cuisinière	cooker
ça l'arrangerait	it would suit her
enlever	to remove
l'achat (masc.)	purchase

Here is the letter which the Jacksons sent:

```
                  Mark  and  Laure  Jackson,
                     23  Stobart  Place,
                           Bromley
                       Kent  BR3  2PZ
                     Tel:  0181  464  5533


                      Bromley,  le  7  septembre  1995

Chère Madame,
De  retour  en  Angleterre,  je  vous  écris  pour  vous
remercier  d'avoir  bien  voulu  nous  faire  visiter  votre
maison  à  La  Mesnière.  C'est  une  propriété  qui  a  beau-
coup  de  charme  et  qui  présente  en  même  temps  des
possibilités  d'aménagement  pour  l'avenir.

Je  dois  vous  avouer  que  jusqu'à  présent  nous  envisa-
gions  un  achat  plus  modeste,  et  le  prix  que  vous
demandez  est  malheureusement  au  delà  des  limites  que
nous  pouvons  nous  permettre.  Mais  après  avoir  recal-
culé  notre  situation  financière,  nous  serions  néanmoins
à  même  de  vous  proposer  une  offre  de  450.000  F.

Si  vous  trouviez  notre  offre  acceptable,  nous  serions
prêts  à  compléter  l'achat  d'ici  la  fin  de  l'année,  si
cela  vous  convenait.  Nous  avons  consulté  notre  banque,
qui  nous  confirme  qu'il  n'y  aurait  aucun  problème  pour
obtenir  le  prêt  nécessaire.

Dans  l'attente  de  votre  réponse,  je  vous  prie,  madame,
d'accepter  l'assurance  de  nos  meilleurs  sentiments.



Laure Jackson                  Laure  Jackson
```

Language points

The formalities of letter writing

Unless we are writing to close friends or relatives, it is normal to use more formal language in letters than in speech. This is particularly true in French, where greater formality is a mark of general courtesy.

To start a letter

(very formal)	**Monsieur, Madame**, etc.
(normal business)	**Cher Monsieur, Chère Madame**, etc.
(close friends/family)	**Cher Thomas, Chère Patricia**
(affectionate)	**Mon cher Max, Ma chère Annick**
(endearment)	**Mon chéri, Ma chérie**

To end an informal letter

For the informal letters one writes to friends and family, a simple closing formula is often sufficient:

(friendly)	**Bien amicalement à toi/ bien à vous**
(affectionate)	**Grosses bises**
	Gros baisers
	Je t'embrasse

Bises and **baisers** both mean 'kisses', and **embrasser** means 'to kiss', but the general message of these greetings is equivalent to the rather more prim English 'with love'. The explanation for this difference lies in the long-held French custom of kissing on both cheeks when you meet relatives and close friends. In the French tradition, kissing on both cheeks is a greeting, and a sign of familiarity and kinship rather than necessarily of close affection.

If you want to pass on good wishes/love to others, before the final formula:

(friendly but polite)	**Mon bon souvenir à tes parents**
	Remember me to your parents
(friendly)	**Dis bonjour aux enfants de ma part**
	Say hello to the children for me
(affectionate)	**Embrasse tout le monde de ma part**
	Give my love to everyone

To end a formal letter

It is customary to end letters to strangers or business correspondents with a complete sentence rather than a closing formula. It is likely to be made up of a combination of the following components:

En attendant votre réponse ...
Looking forward to your reply ...

En vous remerciant à l'avance ...
Thanking you in advance ...

Dans l'espoir que vous puissiez nous renseigner ...
In the hope that you can help (inform) us. ...

En regrettant de ne pas pouvoir vous aider ...
With apologies for not being able to help ...

... je vous prie d'accepter, monsieur/madame, etc.	(routine)
... veuillez agréer, monsieur/madame, etc.	(most formal)
... l'assurance de mes meilleurs sentiments	(routine)
... l'expression de mes salutations empressées	(enthusiastic)
... l'assurance de mes sentiments distingués	(most formal)

Try it! Essayez-le! (1)

Write a postcard to a member of your family or a friend. Say where you are in France, for how long, what you did yesterday, and what the weather is like. Send love to the family. Sign off.

Write a letter to the plumber. Say he doesn't know you but Madame Guibert has recommended him. You are the new owner of Madame Guibert's house. You will be at the house from (date) to (date). Could he come and see you? You look forward to meeting him. Sign off.

Using indirect speech

There are a number of examples of indirect speech in dialogue 1:

Il faut lui dire que **nous sommes toujours intéréssés.**
We must tell her (that) we're still interested.

Mais *elle nous a dit qu'*elle nous préviendrait.
But *she said* (that) she would warn us.

Elle se dira que **nous ne sommes pas sérieux.**
She will think (that) we are not serious.

Tu peux toujours *lui rappeler que* les travaux à l'étage ne sont pas terminés.
You can always *remind her that* the alterations upstairs are not finished.

On devrait *lui rappeler qu*'elle allait faire réparer la fuite.
We ought *to remind her that* she was going to have the leak repaired.

Et *je lui dirai aussi qu*'on aimerait bien ...
And *I'll also tell her* (*that*) we would like ...

Did you notice? Avez-vous remarqué?

Although there is a close match between the form of indirect speech in French and English, in English we often miss out the word 'that' at the beginning of the indirect speech. This never happens in French. 'I said I would wait' has to be expressed as **J'ai dit *que* j'attendrais**.

Try it! Essayez-le! *(2)*

What are they saying? **Qu'est-ce qu'ils disent?**

Vrai ou faux? Dans la lettre des Jackson,
ils disent que la maison leur plaît.
ils disent qu'ils vont acheter une autre maison.
ils disent qu'ils n'ont pas d'argent.
ils disent qu'ils aimeraient acheter la maison tout de suite.
ils disent que la banque va leur prêter de l'argent.

Dialogue 2

La réponse

Madame Guibert telephones the Jacksons to save a lengthy exchange of letters

MME GUIBERT: Monsieur Jackson? Bonsoir, monsieur, c'est Madame Guibert à l'appareil. J'ai reçu votre lettre hier en rentrant d'un weekend à la Mesnière, et je me disais que ce serait peut-être utile de vous téléphoner.

MARK: C'est gentil à vous, madame.

MME GUIBERT: Je voulais d'abord vous remercier d'avoir écrit si vite après votre visite. Je suis très contente d'apprendre que vous aimeriez devenir les nouveaux propriétaires de ma maison, mais à 450 000F je me demande si vous ne sous-estimez pas la valeur des propriétés dans la région. Est-ce que je peux me permettre d'espérer que ce n'est pas une offre définitive?

MARK: Je ne crois pas qu'on puisse aller plus loin, madame, parce que nous sommes évidemment obligés de laisser un peu en réserve pour pouvoir payer les travaux à l'étage et pour acheter des meubles, des outils et tout ce qu'il faut pour équiper la maison.

MME GUIBERT: Ecoutez, monsieur, vous savez quelle est ma situation. Franchement, je n'ai pas du tout besoin du contenu de cette maison, sauf pour quelques objets qui ont une valeur sentimentale. Si j'étais d'accord pour vous laisser la plupart des meubles que vous avez vus, plus la vaisselle et la batterie de cuisine, est-ce que cela vous donnerait la possibilité d'augmenter votre offre?

MARK: C'est vrai que ça nous éviterait des dépenses importantes . . . dans ce cas-là nous pourrions peut-être aller jusqu'à 460 000 . . .

MME GUIBERT: Non, je regrette, monsieur Jackson, mais je préférerais attendre encore une semaine ou deux pour voir si j'ai d'autres visites.

MARK: Et si j'allais jusqu'à 470 000F, est-ce que vous y mettriez aussi deux autres choses dont nous avons besoin, c'est à dire le congélateur et la tondeuse?

MME GUIBERT: Vous êtes dur en affaires, monsieur! Au téléphone on ne peut pas se serrer la main, mais je crois que je vais accepter votre nouvelle offre. Je vais vous demander de signer la promesse de vente que je vous enverrai dans quelques jours, et de me la rendre le plus vite possible.

MARK: Je suis très heureux que vous ayez pu accepter notre offre. Ma femme n'est pas là en ce moment, mais elle sera ravie, elle aussi!

Vocabulaire

C'est Mme Guibert à l'appareil.	It's Mme Guibert speaking.
gentil	kind, nice
se demander	to wonder
sous-estimer	to underestimate
la valeur	value
espérer	to hope
définitif, -ve	final, definitive
évidemment	obviously
franchement	frankly
le contenu	contents
la plupart (des . . .)	the greater part, the majority
la vaisselle	crockery
la batterie de cuisine	kitchen utensils
augmenter	to increase
éviter	to avoid
dont	of which, of whom, whose
être dur en affaires	to drive a hard bargain

une promesse de vente	contract to sell
rendre	to give back, send back
ravi	delighted

Language points

Indirect questions

Demande-lui *si* elle accepterait 450.000F. (dialogue 1)
Ask her *if* she would accept 450.000F.

This is the indirect form of the question **Est-ce que vous accepteriez 450.000F?** The wording of indirect questions is very similar to the English, except that in English the word *if* has an alternative *whether*, both equivalent to **si** in French.

Je me demande *si* vous ne sous-estimez pas la valeur. (dialogue 2)
I'm wondering *if* you're not underestimating the value.
I'm wondering *whether* you're not underestimating the value.

Indirect questions are also readily formed using standard question words such as **qui?**, **pourquoi?**, **quand?**

Je vais lui demander pourquoi il est en retard.
(Direct question: **Pourquoi êtes-vous en retard?**)

Indirect speech and past events

Indirect speech is often used to recount what was said in an earlier conversation, which is why it is also known as *reported speech*. Tenses often change in reported speech:

Je *vais* téléphoner au plombier. (present tense)
I *am going* to phone the plumber.
Elle a dit qu'elle *allait* téléphoner au plombier. (imperfect tense)
She said she *was going* to phone the plumber.

The general pattern is:

Direct speech		*Indirect speech*
present tense	*becomes*	imperfect tense
perfect tense		pluperfect tense
future tense		conditional tense

As in English, other tenses are generally unaffected. (For details of tense formation, pages 213–17.)

Try it! Essayez-le! *(3)*

Can you match the reported speech with the original direct speech?

1 Je travaille toute la journée.
2 J'ai travaillé toute la journée.
3 Je travaillerai toute la journée.
4 J'aurais travaillé toute la journée.

Max m'a dit (a) qu'il avait travaillé toute la journée.
          (b) qu'il travaillerait toute la journée.
          (c) qu'il aurait travaillé toute la journée.
          (d) qu'il travaillait toute la journée.

Quelle journée de travail!

Relative pronouns qui, que, dont

In English we distinguish between people and things – 'who' for people, 'which' for things. In French the distinction is different:

qui = 'who' or 'which' (subject of verb):

Le plombier *qui* **habite tout près ...** (**qui** is subject of **habite**)
The plumber *who* lives nearby ...

C'est un objet *qui* **a une valeur sentimentale**. (**qui** is subject of **a**)
It's an object *which* has sentimental value.

que = 'whom' or 'which' (object of verb):

le plombier *que* **tu connais** – (**tu** subject of **connais**, **que** object)
the plumber (*whom*) you know ...

l'objet *que* **vous m'avez donné** (**vous** subject of **avez donné**, **que** object)
the object (*which*) you gave me

dont = 'of which, of whom'

les outils dont on a besoin
the tools we need (of which we have need)

la femme dont j'ai parlé
the woman I spoke about (of whom I spoke)

19 Points de vue

Viewpoints

For this lesson we are going to eavesdrop on a small group of French people from different parts of the country, who have been brought together by a radio producer in Paris, Edouard Rouzier, to take part in a series of programmes **La France aujourd'hui et demain.**

Les participants

Michel Dumont, 36 ans, dentiste. Marié, trois enfants de 2 à 8 ans. Habite La Rochelle.

Hélène Mathieu, 52 ans, divorcée, secrétaire d'un notaire, habite un village près de Bourges.

Laurent Jacob, 30 ans, vendeur, marié, un enfant, habite Ris-Orangis, banlieue sud de Paris.

Henri Desmoulins, 68 ans, professeur retraité, veuf, 2 enfants habite Montparnasse, Paris.

Dialogue 1

Paris ou province?

EDOUARD ROUZIER: Je vais commencer par vous donner une statistique. Sur une population de 54 millions en France, 8,5 millions habitent l'agglomération parisienne. Je vais vous poser à tous la même question: Pourquoi vivre là où vous habitez? Monsieur Desmoulins, vous habitez Paris par choix ou pour une autre raison?

HENRI DESMOULINS: Oh, par choix. Au moment de prendre ma retraite j'aurais pu très facilement revendre mon appartement ici à Montparnasse et aller m'installer ailleurs, mais pour moi, Paris, c'est toute la richesse de la vie culturelle et intellectuelle de notre pays. Je n'ai pas du tout envie d'aller vivre loin de tout cela. D'ailleurs, j'estime que la retraite n'est pas l'occasion de couper le contact avec mes amis et mes intérêts.

EDOUARD ROUZIER: Et vous, Monsieur Jacob, vous habitez aussi la région parisienne. Vous êtes d'accord avec Monsieur Desmoulins?

LAURENT JACOB: Non, je regrette, mais je dois vous dire que pour moi, vivre dans la banlieue parisienne n'est pas un plaisir mais une nécessité. Je travaille dans un grand magasin rue Lafayette, en plein centre de Paris, et j'en ai pour plus d'une heure de trajet pour y arriver. À Ris-Orangis j'habite au 13ème étage d'un immeuble qui domine l'autoroute du Sud, et croyez-moi, si j'avais la possibilité, j'emmènerais ma famille dans le Midi, bien loin de la capitale, et Paris ne me manquerait pas.

EDOUARD ROUZIER: Nos deux autres invités habitent plus loin de Paris. D'abord Madame Mathieu, vous habitez près de Bourges.

HÉLENE MATHIEU: Oui, mais j'ai vécu 25 ans à Paris avant de m'installer ici il y a une dizaine d'années. Je dois avouer que Paris me manque par moments, mais en général la qualité de la vie en province est à mon point de vue supérieure à celle de la capitale. Ici je suis à dix minutes de mon bureau, j'ai tout ce qu'il me faut comme commerces, et je suis loin de la pollution et du bruit de Paris. Je me suis habituée à une vie plus tranquille, et quand j'en ai envie, je vais à Paris pour la journée ou pour le weekend.

EDOUARD ROUZIER: Monsieur Dumont, vous habitez la Rochelle, n'est-ce pas?

MICHEL DUMONT: Oui j'ai toujours vécu dans la région. Mon père était dentiste ici, et j'ai suivi ses pas. Je trouve que dans une ville assez importante comme la Rochelle il est possible de profiter de la plupart des avantages de la vie urbaine sans perdre les vertus de la vie provinciale. Pour moi, vivre à Paris serait pénible, je me sentirais écrasé par l'immensité d'une ville de cette importance. Dans ma famille nous aimons la campagne et la mer, et à la Rochelle, les deux sont très accessibles. Et je vais vous dire une chose – la province est loin d'être un désert culturel!

Vocabulaire

une agglomération	conurbation
vivre	to live
avoir envie de	to want to
d'ailleurs	besides, moreover
j'estime que	I reckon that
être d'accord avec	to agree with
j'en ai pour plus d'une heure	it takes me more than an hour
un trajet	a journey, trip
un immeuble	block of flats
dominer	to overlook
emmener*	to take (people) away
Paris ne me manquerait pas.	I would not miss Paris.
une dizaine	about ten
avouer	to admit
le bruit	noise
s'habituer	to get used to
suivre les pas de quelqu'un	to follow in someone's footsteps
pénible	painful
écraser	to crush

Vocabulary note

Emmener is derived from **mener** 'to lead', and strictly speaking is restricted in use to taking people or animals from one place to another. However, it is also now widely used for 'carrying things', as well as for 'leading people':

> **Tu emmènes les enfants à la plage?**
> Are you taking the children to the beach?

> **Tu emmènes aussi ton appareil photo?**
> Are you taking your camera with you as well?

Language points

Ways of introducing your opinion

A mon point de vue . . .	. . . je pense que . . .
A mon avis . . .	. . . j'estime que . . .
Pour moi . . .	. . . je trouve que . . .
Pour ma part . . .	. . . j'avoue que . . .
Personnellement . . .	. . . je crois que . . .
Franchement . . .	. . . je suis d'accord avec . . .
	. . . je ne suis pas d'accord avec . . .
	. . . je suis pour/contre . . . ('for/against')

You may well need to disagree gently or politely with another point of view:

> Je ne suis pas tout à fait d'accord . . .
> Je ne sais pas si je suis entièrement d'accord . . .

Try it! Essayez-le! *(1)*

Try disagreeing with the following points of view, and give an alternative opinion:

> Dans une ville capitale comme Paris ou Londres
> on ne peut pas se reposer.
> on a un meilleur choix de restaurants.
> la vie est impossible pour les enfants.
> la vie culturelle est plus riche.
> on ne se fait pas d'amis.

Que pensez-vous? Donnez votre opinion:

> La pollution la plus désagréable, c'est le bruit.
> Pour les personnes âgées, c'est plus pratique de vivre à la campagne.
> Le gouvernement devrait éliminer la circulation des voitures en centre ville.
> Les magasins devraient être ouverts toute la journée le dimanche.

Did you notice? Avez-vous remarqué?

Tu say you miss a person or a place, use the verb **manquer**. But instead of saying 'I miss Paris', you say in French 'Paris is missing to me': **Paris me manque**.

So what do the following mean?

> Nos enfants nous manquent.
> Tu me manques tout le temps.
> Son chien lui manque.
> La circulation de Londres ne me manque pas.

If what you miss is not expressed in a word but in a longer phrase or sentence, you say:

> Ce qui me manque, c'est que je ne vois pas mes amis.

N'est-ce pas?

The fixed phrase **n'est-ce pas?** can be added to a statement in order to seek confirmation of the facts.

> **Nous partons le 28, n'est-ce pas?**
> We're leaving on the 28th, aren't we?

> **Tu as acheté les billets, n'est-ce pas?**
> You've bought the tickets, haven't you?

Did you notice? Avez-vous remarqué?

In English there is no single 'tag question' like **n'est-ce pas**, but instead a whole variety of forms reflecting the original statement:

> They will come, *won't they?*
> **Ils viendront, *n'est-ce pas?***

They're catching the bus, *aren't they?*
Ils prennent le bus, *n'est-ce pas?*

She arrived yesterday, *didn't she?*
Elle est arrivée hier, *n'est-ce pas?*

Dialogue 2

Gagner le gros lot

In a subsequent programme, Edouard Rouzier asks his guests what they would do if they won the national lottery, which has been a part of French life since it was launched in 1933

EDOUARD ROUZIER: Gagner le gros lot, c'est bien le rêve des 30 pour cent des Français qui participent à ce jeu national chaque semaine. Comme tout le monde, vous avez sans doute réfléchi à ce que vous feriez si vous vous trouviez à la tête d'une telle somme d'argent. Cinq millions de francs nouveaux, qu'est-ce que vous en feriez? C'est la question que je pose ce soir à nos invités, et tout d'abord à vous, Madame Mathieu.

HÉLÈNE MATHIEU: Si je gagnais cinq millions? D'abord je me paierais les études et la formation nécessaires pour devenir notaire. Mon travail de secrétaire dans le bureau d'un notaire m'a convaincue que je serais capable de remplir ses fonctions. Ensuite je donnerais de l'argent à mon fils et à sa femme pour qu'ils puissent rembourser le prêt qu'ils ont sur leur maison. Le reste, je l'investirais. Je n'arrêterais certainement pas de travailler.

EDOUARD ROUZIER: Monsieur Desmoulins, vous êtes déjà en retraite, qu'est-ce que vous en feriez, de ces cinq millions?

HENRI DESMOULINS: Je voyagerais le plus possible, j'aimerais bien connaître d'autres civilisations. J'irais en Egypte, en Inde, en Chine, au Japon, en Indonésie. Et j'aimerais bien voir aussi le Mexique et les autres pays de l'Amérique Latine. Quand je serais à Paris, j'irais plus souvent à des concerts et au théâtre. Et je donnerais une bonne part de mon argent à mes enfants.

EDOUARD ROUZIER: Monsieur Jacob, est-ce que vous arrêteriez de travailler?

LAURENT JACOB: Oui, le jour où je toucherais le chèque! Et le lendemain j'emmènerais ma famille dans le Midi et on s'offrirait une belle maison sur la côte d'Azur. J'investirais le reste de l'argent, et j'espère que nous serions à l'aise financièrement en vivant avec les intérêts.

EDOUARD ROUZIER: Et Monsieur Dumont, votre carrière de dentiste, vous l'abandonneriez?

MICHEL DUMONT: Non, absolument pas. Ma vie actuelle n'est pas trop désagréable et je ne vois pas de raison de la changer. En tout cas je ne joue jamais à la loterie, donc je ne risque pas tellement de gagner!

Vocabulaire

gagner	to win
le gros lot	the jackpot
un rêve	dream
à la tête de	in charge of, responsible for
tel, telle	such
les études	study
la formation	training
un notaire	notary
convaincre	to convince
remplir	to fill (here: 'to fulfil')
rembourser	to pay back, reimburse
un prêt	loan
une part	a share, portion
toucher	to touch (here: 'to receive')
le lendemain	the following day
offrir	to offer (here: 'to give')
à l'aise	comfortable
actuel, -le	present
tellement	so much

Language points

Reflecting on future possibilities

Si je gagnais le gros lot, je ferais le tour du monde.
If I won the lottery jackpot, I would go on a world tour.

Si j'avais le temps, j'irais plus souvent au théâtre.
If I had the time, I would go to the theatre more often.

Si je voyageais, j'emmènerais mes enfants.
If I travelled, I would take my children with me.

In conditional sentences such as these, the choice of tense is important, and varies according to how conjectural the statement is:

S'il y a du soleil, j'emmènerai les enfants à la plage.
(present + future)
If it is sunny, I will take the children . . .

S'il y avait du soleil, j'emmènerais les enfants à la plage.
(imperfect + conditional)
If it were sunny, I would take the children . . .

S'il y avait eu du soleil, j'aurais emmené les enfants à la plage.
(pluperfect + conditional perfect)
If it had been sunny, I would have taken the children

(For a review of the tenses involved, see pages 213–7.)

Try it! Essayez-le! *(2)*

Look before you leap! Match the sentence halves. But beware, there are some tricks:

Si je vais en Egypte	j'irais voir les Pyramides.
Si j'avais le temps	ça sera au mois d'octobre.
Si j'avais investi mon argent	ma femme m'accompagnerait.
Si je m'installais à Rome	j'aurais pu m'offrir une Ferrari.

Try it! Essayez-le! *(3)*

Parlons finances. Etes-vous prudent? Put a tick in the appropriate boxes.

Si un cambrioleur ('a burglar') pénétrait chez vous en votre
absence

Est-ce qu'il trouverait de l'argent liquide? ❑
Est-ce qu'il trouverait votre carnet de chèques? ❑
Est-ce qu'il trouverait des cartes de crédit? ❑
Est-ce qu'il ne trouverait aucun des trois? ❑

Si vous alliez au restaurant avec des amis

Est-ce que vous choisiriez les plats selon leur prix? ❑
Est-ce que vous vérifieriez l'addition ('the bill')? ❑
Est-ce que vous paieriez ce que vous auriez mangé? ❑
Est-ce que vous proposeriez qu'on divise l'addition
en parts égales, sans calculer ce que chaque individu
devrait payer? ❑

Si vous téléphonez à des amis ou à votre famille

Est-ce que vous choisissez une heure où le tarif est
réduit? ❑
Est-ce que ça vous arrive de bavarder ('to chat')
une demi-heure? ❑

Si vous faites des courses au supermarché

Est-ce que vous regardez le prix des achats? ❑
Est-ce que vous achetez seulement les choses que
vous avez notées sur votre liste? ❑
Etes-vous souvent surpris par la somme que vous
devez payer à la caisse? ❑

20 Révision

Revision

The activities in this lesson revise some of the key areas covered in lessons 11–19.

Retrouvons les personnages

1 Quand Maurice Callot est allé voir son médecin, quel était son problème? (lesson 11)
2 Qui a eu mal au pieds pendant trois jours, et pourquoi? (lesson 12)
3 Qui dépassait la limite et de combien? (lesson 13)
4 Qui n'a pas vu son père pendant cinq ans? (lesson 13)
5 Qui n'a pas eu le temps de prendre un café et pourquoi? (lesson 14)
6 Qu'est-ce qu'on fait quand le charbon de bois devient blanc de couleur? (lesson 15)
7 Pourquoi ne faut-il pas mettre d'engrais? (lesson 15)
8 Qu'est-ce que Pierre a eu comme cadeau d'anniversaire, et pourquoi n'en était-il pas content? (lesson 16)
9 Pourquoi Mme Guibert voulait-elle vendre sa maison à la Mesnière? (lesson 17)
10 Qu'est-ce qui a été finalement inclus dans la vente de la maison? (lesson 18)
11 Pourquoi Hélène Mathieu préférait-elle vivre en province? (lesson 19)
12 Est-ce que Laurent Jacob et Michel Dumont arrêteraient de travailler tous les deux s'ils gagnaient le gros lot? (lesson 19)

Assortiment

Can you re-arrange these words into five groups of four words connected by meaning? If there are any words you don't recognise you will find them in the glossary.

dormir	volant	averse	mardi	laine
phare	libre	taille	lit	
orageux	chambre	occupé	gilet	
agenda	doubler	humide		
gants	se coucher			
rouler	pluie			

Couples

Match each adjective in the second column with a noun in the first:

talon	personnels
ceinture	dernière
tissu	neuve
temps	uni
artiste	potager
soucis	central
jardin	célèbre
chauffage	noire
cuisine	frais
semaine	haut

Les mots qui manquent

Make sense of this description by finding appropriate words to fill the gaps:

Hier nous avons _____ toute la journée dans le jardin. Il faisait très _____, surtout l'après-midi, et même dans la _____, l'eau était à 30 _____. Nos trois enfants _____ tous nager, et ils sont _____ de l'eau seulement quand ils avaient faim. Pour le repas à midi, j'avais _____ des merguez et on a fait un _____, mais en début de soirée le temps est devenu _____, et il a fallu qu'on mange dans la _____.

Téléphone ou phonotélé?

Unscramble the sentences to recover this dialogue.

A: Leclerc bien l'agence C'est immobilière?
B: Madame madame l'appareil, c'est Leclerc à oui
A: Martin vous que je parler est-ce plaît à Monsieur pourrais s'il?
B: sortir il de desolée avec madame un vient client
A: lui vous téléphoner demander de pouvez me?
B: qui part oui de madame c'est la de?
A: c'est mon Richeux numéro le et 48.78.99.01 Madame

Français, langue étrangère

Can you find and correct the mistakes in this English student's French?

> La jour de mon anniversaire je me levé à huit heure et dix. J'ai fais mon toilette et j'ai habillé. J'ai mangé un croissant et un café, puis j'ai sorti. Je vais chez mes parents et ils ont donnez un cadeau à moi. C'est un grammaire de Français – je n'ai besoin pas de ça!

Ecrivez en français

> cinq choses que vous avez faites hier
> cinq choses que vous allez faire demain
> et cinq choses que vous feriez si vous gagniez un million de francs

Invitations

How many ways can you find of replying to the following invitations/propositions. Don't forget that if you say no you may want to give an excuse.

> Il y a une exposition d'art japonais au musée municipal la semaine prochaine. Est-ce que ça vous intéresserait d'y aller?
> J'ai envie de pique-niquer en pleine campagne. Ça te dirait de m'accompagner?
> Vous êtes professeur de musique? Vous ne pourriez pas donner quelques leçons de piano à mon fils, qui a six ans?
> Ils repassent *Dernier tango à Paris* à la télé ce soir. Viens chez moi, on le regardera ensemble.

Propriété privée

Mr and Mrs Roberts are about to complete the purchase of a house
in France. The following letter from the estate agent is in reply to
a recent letter from them. Can you deduce from the reply what
questions the Roberts were asking?

CALVET IMMOBILIER

S.A.R.L. AU CAPITAL DE 80.000 F

20, Rue du commerce,
18300 Sancerre

Tel: 48.68.79.12

TRANSACTIONS, GESTION, LOCATION

> Monsieur et Madame Roberts,
> 23, Ash Grove,
> Nottingham NG1 3CD,
> Angleterre.

V/RÉF:

> Le 28 octobre, 1995

N/RÉF: RC/MB

OBJET: vente Duponte – Roberts

Cher Monsieur, Chère Madame,

Suite à votre lettre reçue ce jour,

Nous vous informons que vos clés sont chez votre
voisine, Madame Bonnet.

En ce qui concerne la signature de l'acte de
vente, celle-ci devrait avoir lieu très prochaine-
ment.

Vous souhaitant bonne réception de la présente,
nous vous prions d'agréer, Cher Monsieur, Chère
Madame, l'assurance de nos sentiments distingués.

M. Calvet

Contrastes

Nous approchons de l'an 2000. Pensez à l'an 1900. Quelles sont les différences les plus frappantes quand on regarde autour de soi (a) dans la maison et (b) dans la rue?

En 1900 . . .
et maintenant . . .

Story line

Can you write a paragraph or dialogue which will include all the following words or phrases (you can adjust them as necessary to fit grammatically):

se décontracter kilomètres pêche intention jardin espérer pizza belle-mère bière voiture quelqu'un d'autre

Innocent ou coupable?

You are on trial. Give negative answers to all these questions:

Est-ce que vous connaissez une danseuse qui s'appelle Annie Delgado?
Avez-vous jamais vu la femme sur cette photo?
Etes-vous jamais allé à une boîte qui s'appelle La Vedette?
Si vous receviez cent mille francs en billets de 500 francs par la poste, d'origine anonyme, est-ce que vous les garderiez?
Vous avez plusieurs comptes en banque dans des pays différents?
Le soir du 23 juillet, vous étiez chez vous?
Vous vous rappelez à quelle heure vous vous êtes couché?
Merci, c'est tout.

Reference grammar

Numbers

Cardinal numbers

0	zéro	32	trente-deux, *etc.*
1	un, une	40	quarante, *etc.*
2	deux	50	cinquante
3	trois	60	soixante
4	quatre	70	soixante-dix
5	cinq	71	soixante et onze
6	six	72	soixante-douze
7	sept	73	soixante-treize
8	huit	74	soixante-quatorze
9	neuf	75	soixante-quinze
10	dix	76	soixante-seize
11	onze	77	soixante-dix-sept
12	douze	78	soixante-dix-huit
13	treize	79	soixante-dix-neuf
14	quatorze	80	quatre vingts
15	quinze	81	quatre-vingt-un(e)
16	seize	82	quatre-vingt-deux, *etc.*
17	dix-sept	90	quatre-vingt-dix
18	dix-huit	91	quatre-vingt-onze, *etc.*
19	dix-neuf	100	cent
20	vingt	101	cent un(e)
21	vingt et un(e)	102	cent deux, *etc.*
22	vingt-deux	200	deux cents
23	vingt-trois	201	deux cent un(e)
24	vingt-quatre, *etc.*	202	deux cent deux etc.
30	trente	300	trois cents etc.
31	trente et un(e)		

1 000	mille
1 001	mille un(e)
1 002	mille deux, *etc.*
2 000	deux mille
1 000 000	un million
1 500 000	un million cinq cent mille
2 000 000	deux millions
1 000 000 000	un milliard
1 000 000 000 000	un billion

Ordinal numbers

Ordinal numbers are formed by adding **-ième** to the cardinal number, dropping the final **-e** of the cardinal number if there is one:

le troisième homme
the third man

le trentième jour
the thirtieth day

The only major exception is **premier**, **première** 'first'.
   Unlike English, ordinal numbers are not used for dates in French, except **premier**.

Approximate numbers

Most approximate numbers are formed in French by adding **-aine** to the cardinal number (first dropping the final **-e** of the cardinal number, if there is one):

une dizaine	une trentaine
une douzaine	une quarantaine
une quinzaine	une cinquantaine
une vingtaine	une soixantaine

No approximate numbers exist for 70, 80 or 90 in French.

une centaine	about a hundred
un millier	about a thousand

The verb

Conjugating French verbs

The whole set of a verb's stems and endings is known as its *conjugation*. With most verbs you can predict any part of any tense from the spelling of the infinitive. These are known as *regular* verbs. In French, there are three conjugations of regular verbs, each with a distinct infinitive ending:

> **march*er*** 'to walk' (first conjugation)
> **fin*ir*** 'to finish' (second conjugation)
> **vend*re*** 'to sell' (third conjugation)

By far the majority of French verbs are of the **-er** type. In addition, all newly coined verbs are automatically **-er** verbs, for example **klaxonner**. However, some of the commonest verbs in French are irregular. Some irregular verbs form groups, for example **partir**, **sortir**, **mentir**, **dormir**, **se repentir**, **servir**, all behave in the same way.

In the formation of tenses in French there are many features which are common to all conjugations, and to both regular and irregular verbs. These will be evident from the descriptions of the rules for the formation of each tense. Frequent reference will be made to the *stem* of the infinitive: this is obtained in most cases by removing the **-er**, **-ir** or **-re** ending from the infinitive:

Infinitive	*Stem*
marcher	**march-**
finir	**fin-**
vendre	**vend-**

Present tense

This is the tense in which there is the greatest variety of forms, both between the conjugations and in the frequency of irregular forms.

Regular forms are produced by adding the following endings to the stem of the infinitive:

	je	tu	il/elle/on	nous	vous	ils/elles
March*er*	-e	-es	-e	-ons	-ez	-ent
Fin*ir*	-is	-is	-it	-issons	-issez	-issent
vend*re*	-s	-s	–	-ons	-ez	-ent

It is worth noting that the **nous** forms of regular verbs (and indeed most irregular verbs) always end in **-ons**, the **vous** forms in **-ez**, and the **ils/elles** forms in **-ent**.

Imperfect tense

All regular verbs (and irregular verbs except **être**) form their imperfect tense by adding the following endings to the **nous** form of the present tense minus the **-ons** ending:

Infinitive	1st plural, present	Imperfect
marcher	nous march*ons*	je marchais, etc.
finir	nous finiss*ons*	je finissais, etc.
vendre	nous vend*ons*	je vendais, etc.

The endings are always:

-ais   -ais   -ait   -ions   -iez   -aient

Future tense

Regular verbs form their future tense by adding a standard set of endings to the infinitive (in **-re** verbs the infinitive is reduced by removing the final **-e**):

Infinitive	Future tense
marcher	marcherai
finir	finirai
vendr(e)	vendrai

The endings are always:

-ai   -as   -a   -ons   -ez   -ont

In the case of irregular verbs, any variation is in the stem, not in the endings.

Conditional tense

For *all* verbs, both regular and irregular, the conditional is formed
from the same stem as the future tense, replacing the standard set
of future tense endings by the standard set of imperfect tense
endings:

marcher	je marcherais, etc.
finir	je finirais, etc.
vendre	je vendrais, etc.

The endings are always those of the imperfect tense:

-ais   -ais   -ait   -ions   -iez   -aient

Present subjunctive

Regular verbs of all three conjugations form their present subjunctive by adding a standard set of endings to a stem formed from
the **ils/elles** form of the present tense minus the **-ent** ending:

Infinitive	3rd person plural present	Present subjunctive
marcher	ils marche*nt*	je marche, etc.
finir	ils finisse*nt*	je finisse, etc.
vendre	ils vend*ent*	je vende, etc.

The endings for all regular and almost all irregular verbs are:

-e   -es   -e   -ions   -iez   -ent

In the case of irregular verbs, any variation is always in the stem
rather than in the endings (except **avoir** and **être**).

Formation of compound tenses

The past participle of regular verbs is formed from the stem of the
infinitive plus the following endings:

march*er*	march*é*
fin*ir*	fin*i*
vend*re*	vend*u*

There are many irregular past participles.

Once the past participle and the auxiliary verb are known, all compound tenses follow standard patterns.

Auxiliary verbs used to form compound tenses

Most verbs in French form their compound tenses using **avoir** as the auxiliary:

avoir mangé	to have eaten	(perfect infinitive)
j'ai mangé	I have eaten, I ate	(perfect)
j'avais mangé	I had eaten	(pluperfect)
j'aurai mangé	I shall have eaten	(future perfect)
j'aurais mangé	I should have eaten	(conditional perfect)

A smaller number of verbs form their compound tenses with **être**:

être parti	to have left	(perfect infinitive)
je suis parti	I have left, I left	(perfect)
j'étais parti	I had left	(pluperfect)
je serai parti	I shall have left	(future perfect)
je serais parti	I should have left	(conditional perfect)

The following verbs form their compound tenses with **être**:

- *all* reflexive verbs
- the following verbs and verbs based on them:

aller	to go	
venir	to come	(+ **devenir, revenir, parvenir,** etc.)
retourner	to go back	
arriver	to arrive	
passer	to pass	
partir	to leave	(+ **repartir**)
entrer	to go/come in	(+ **rentrer**)
sortir	to go/come out	(+ **ressortir**)
monter	to go/come up	(+ **remonter**)
descendre	to go/come down	(+ **redescendre**)
tomber	to fall	(+ **retomber**)
naître	to be born	(+ **renaître**)
mourir	to die	
rester	to remain	

The past participle of these verbs agrees in number and gender with the subject of the verb: **Elle est partie hier.**

A few verbs in the list can also be used transitively, that is with an object. When this happens, they take **avoir** in compound forms:

Elle est sortie seule.	**Elle a sorti la voiture.**
She went out alone.	She got the car out.
Je suis descendu.	**J'ai descendu nos bagages.**
I went downstairs.	I took our luggage downstairs.
Je suis passé hier.	**J'ai passé la nuit ici**.
I called in yesterday.	I spent the night here.

Verb Tables

Conjugation of regular -er verbs

All **-er** verbs are regular except **aller** 'to go', **envoyer** 'to send' and a small number of verbs where the irregularity takes the form of minor spelling adjustments necessitated by changes in stress in pronunciation.

marcher 'to walk'

Present participle	*Past participle*
marchant	marché

Imperative
marche, marchons, marchez

Present	*Perfect*
marche	ai marché
marches	as marché
marche	a marché
marchons	avons marché
marchez	avez marché
marchent	ont marché

Imperfect	*Pluperfect*
marchais	avais marché
marchais	avais marché
marchait	avait marché
marchions	avions marché
marchiez	aviez marché
marchaient	avaient marché

Future	*Future perfect*
marcherai	aurai marché
marcheras	auras marché
marchera	aura marché
marcherons	aurons marché
marcherez	aurez marché
marcheront	auront marché

Conditional	*Conditional perfect*
marcherais	aurais marché
marcherais	aurais marché
marcherait	aurait marché
marcherions	aurions marché
marcheriez	auriez marché
marcheraient	auraient marché

Present subjunctive	*Perfect subjunctive*
marche	aie marché
marches	aies marché
marche	ait marché
marchions	ayons marché
marchiez	ayez marché
marchent	aient marché

Verbs in -er *with minor changes*

(Forms not listed below are regular.)

acheter 'to buy' (other examples **geler** 'to freeze', **peler** 'to peel')

Present	*Past participle*
achète	acheté
achètes	
achète	
achetons	
achetez	
achètent	

Future
achèterai

jeter 'to throw' (other examples **appeler** 'to call', **rejeter** 'to reject')

Present	*Past participle*
jette	jeté

jettes
jette
jetons
jetez
jettent

Future
jetterai

céder, 'to yield' (other examples **espérer** 'to hope', **déléguer** 'to delegate', **accélérer** 'to accelerate')

Present	*Past participle*
cède	cédé
cèdes	
cède	
cédons	
cédons	
cèdent	

Future
céderai

Verbs with infinitives in -yer, -cer, -ger

payer 'to pay' (other examples include **ennuyer** 'to annoy', **appuyer** 'to lean')

Present	*Past participle*
paie	payé
paies	
paie	
payons	
payez	
paient	

Future
paierai

commencer 'to begin' (other examples include **rincer** 'to rinse')

Present	*Past participle*
commence	commencé
commences	
commence	

commençons	*Present participle*
commencez	commençant
commencent	

Future
commencerai

Imperfect
commençais
commençais
commençait
commencions
commenciez
commençaient

manger, 'to eat' (other examples include **déranger** 'to disturb', **plonger** 'to dive')

Present	*Past participle*
mange	mangé
manges	
mange	*Present participle*
mangeons	mangeant
mangez	
mangent	

Future
mangerai

Imperfect
mangeais
mangeais
mangeait
mangions
mangiez
mangeaient

Conjugation of regular -ir verbs

finir 'to finish, end'

Present participle	*Past participle*
finissant	fini

Imperative
finis, finissons, finissez

Present	*Perfect*
finis	ai fini
finis	as fini
finit	a fini
finissons	avons fini
finissons	avez fini
finissent	ont fini

Imperfect	*Pluperfect*
finissais	avais fini
finissais	avais fini
finissait	avait fini
finissions	avions fini
finissiez	aviez fini
finissaient	avaient fini

Future	*Future perfect*
finirai	aurai fini
finiras	auras fini
finira	aura fini
finirons	aurons fini
finirez	aurez fini
finiront	auront fini

Conditional	*Conditional perfect*
finirais	aurais fini
finirais	aurais fini
finirait	aurait fini
finirions	aurions fini
finiriez	auriez fini
finiraient	auraient fini

Present subjunctive	*Perfect subjunctive*
finisse	aie fini
finisses	aies fini
finisse	ait fini
finissions	ayons fini
finissiez	ayez fini
finissent	aient fini

Conjugation of regular -re *verbs*

vendre 'to sell'

Present participle	*Past participle*
vendant	vendu

Imperative
vends, vendons, vendez

Present	*Perfect*
vends	ai vendu
vends	as vendu
vend	a vendu
vendons	avons vendu
vendez	avez vendu
vendent	ont vendu

Imperfect	*Pluperfect*
vendais	avais vendu
vendais	avais vendu
vendait	avait vendu
vendions	avions vendu
vendiez	aviez vendu
vendaient	avaient vendu

Future	*Future perfect*
vendrai	aurai vendu
vendras	auras vendu
vendra	aura vendu
vendrons	aurons vendu
vendrez	aurez vendu
vendront	auront vendu

Conditional	*Conditional perfect*
vendrais	aurais vendu
vendrais	aurais vendu
vendrait	aurait vendu
vendrions	aurions vendu
vendriez	auriez vendu
vendraient	auraient vendu

Present subjunctive	*Perfect subjunctive*
vende	aie vendu
vendes	aies vendu

vende	ait vendu
vendions	ayons vendu
vendiez	ayez vendu
vendent	aient vendu

Irregular verb, avoir **'to have'**

Present participle
ayant

Past participle
eu

Imperative
aie, ayons, ayez

Present	*Perfect*
ai	ai eu
as	as eu
a	a eu
avons	avons eu
avez	avez eu
ont	ont eu

Imperfect	*Pluperfect*
avais	avais eu
avais	avais eu
avait	avait eu
avions	avions eu
aviez	aviez eu
avaient	avaient eu

Future	*Future perfect*
aurai	aurai eu
auras	auras eu
aura	aura eu
aurons	aurons eu
aurez	aurez eu
auront	auront eu

Conditional	*Conditional perfect*
aurais	aurais eu
aurais	aurais eu
aurait	aurait eu
aurions	aurions eu
auriez	auriez eu
auraient	auraient eu

Present subjunctive	Perfect subjunctive
aie	aie eu
aies	aies eu
ait	ait eu
ayons	ayons eu
ayez	ayez eu
aient	aient eu

Irregular verb, être 'to be'

Present participle	Past participle
étant	été

Imperative
sois, soyons, soyez

Present	Perfect
suis	ai été
es	as été
est	a été
sommes	avons été
êtes	avez été
sont	ont été

Imperfect	Pluperfect
étais	avais été
étais	avais été
était	avait été
étions	avions été
étiez	aviez été
étaient	avaient été

Future	Future perfect
serai	aurai été
seras	auras été
sera	aura été
serons	aurons été
serez	aurez été
seront	auront été

Conditional	Conditional perfect
serais	aurais été
serais	aurais été
serait	aurait été

serions aurions été
seriez auriez été
seraient auraient été

Present subjunctive	*Perfect subjunctive*
sois	aie été
sois	aies été
soit	ait été
soyons	ayons été
soyez	ayez été
soient	aient été

Other irregular verbs

Verbs which form their compound tenses with **être** are marked with an asterisk (*).

Infinitive	*Present*		(a) *Past participle* (b) *Future*

accueillir 'to welcome' *see* **cueillir**

admettre 'to admit' *see* **mettre**

* aller 'to go'   vais   allons   (a) allé*
vas allez (b) irai
va vont

Present subjunctive: aille, allions

apercevoir 'see, espy'
aperçois   apercevons   (a) aperçu
aperçois apercevez (b) apercevrai
aperçoit aperçoivent

apparaître 'to appear' *see* **connaître**

apprendre 'to learn' *see* **prendre**

* s'asseoir 'to sit down'
assieds   asseyons   (a) assis
assieds asseyez (b) assiérai
assied asseyent

Infinitive	Present		(a) Past participle (b) Future

atteindre 'to reach'

	atteins	atteignons	(a) atteint
	atteins	atteignez	(b) atteindrai
	atteint	atteignent	

battre 'to beat'

bats	battons	(a) battu
bats	battez	(b) battrai
bat	battent	

boire 'to drink'

bois	buvons	(a) bu
bois	buvez	(b) boirai
boit	boivent	

comprendre 'to understand' *see* **prendre**

conduire 'to drive, lead'

	conduis	conduisons	(a) conduit
	conduis	conduisez	(b) conduirai
	conduit	conduisent	

connaître 'to know'

	connais	connaissons	(a) connu
	connais	connaissez	(b) connaîtrai
	connaît	connaissent	

construire 'to construct' *see* **conduire**

convaincre 'to convince'

	convaincs	convainquons	(a) convaincu
	convaincs	convainquez	(b) convaincrai
	convainc	convainquent	

courir 'to run'

cours	courons	(a) couru
cours	courez	(b) courrai
court	courent	

couvrir 'to cover'

couvre	couvrons	(a) couvert
couvres	couvrez	(b) couvrirai
couvre	couvrent	

craindre 'to fear' *see* **atteindre**

Infinitive	Present		(a) *Past participle* (b) *Future*
croire 'to believe'	crois crois croit	croyons croyez croient	(a) cru (b) croirai
cueillir 'to pick, gather'	cueille cueilles cueille	cueillons cueillez cueillent	(a) cueilli (b) cueillerai

cuire 'to cook' *see* **conduire**

découvrir 'to discover' *see* **couvrir**

décrire 'to describe' *see* **écrire**

détruire 'to destroy' *see* **conduire**

devoir 'to owe, have to'	dois dois doit	devons devez doivent	(a) dû/due (fem.) (b) devrai
dire 'to say'	dis dis dit	disons dites disent	(a) dit (b) dirai
dormir 'to sleep'	dors dors dort	dormons dormez dorment	(a) dormi (b) dormirai
écrire 'to write'	écris écris écrit	écrivons écrivez écrivent	(a) écrit (b) écrirai
envoyer 'to send'	envoie envoies envoie	envoyons envoyez envoient	(a) envoyé (b) enverrai

Infinitive	Present		(a) *Past participle* (b) *Future*

éteindre 'to switch off' *see* **atteindre**

faire 'to do, make'

	fais	faisons	(a) fait
	fais	faites	(b) ferai
	fait	font	

Present
subjunctive: fasse
             fassions

falloir 'must, be necessary'
             il faut   (a) fallu
                          (b) il faudra

Present
subjunctive: il faille

introduire 'introduce' *see* **conduire**

joindre 'to join' *see* **atteindre**

lire 'to read'   lis   lisons   (a) lu
             lis   lisez   (b) lirai
             lit   lisent

mentir 'to tell lies' *see* **dormir**

mettre 'to put'   mets   mettons   (a) mis
             mets   mettez   (b) mettrai
             met   mettent

mourir 'to die'   meurs   mourons   (a) mort
             meurs   mourez   (b) mourrai
             meurt   meurent

offrir 'to offer' *see* **couvrir**

ouvrir 'to open' *see* **couvrir**

Infinitive	*Present*	(a) *Past participle* (b) *Future*

paraître 'to appear' *see* **connaître**

***partir** 'to leave' *see* **dormir**

peindre 'to paint' *see* **atteindre**

plaindre 'to pity' *see* **atteindre**

plaire 'to please' plais   plaisons   (a) plu
                  plais   plaisez   (b) plairai
                  plaît   plaisent

pleuvoir 'to rain' il pleut   (a) plu
                                 (b) il pleuvra

Present
subjunctive: il pleuve

pouvoir 'to be able'
                  peux   (puis-je?)   (a) pu
                  peux   (b) pourrai
                  peut
                  pouvons
                  pouvez
                  peuvent

Puis-je? is used when subject and verb are inverted to form an interrogative.

prendre 'to take' prends   prenons   (a) pris
                  prends   prenez   (b) prendrai
                  prend   prennent

produire 'to produce' *see* **conduire**

recevoir 'to receive' *see* **apercevoir**

reconnaître 'to recognize' *see* **connaître**

réduire 'to reduce' *see* **conduire**

Infinitive	Present		(a) Past participle (b) Future

résoudre 'to resolve'

	résous	résolvons	(a) résolu
	résous	résolvez	(b) résoudrai
	résout	résolvent	

rire 'to laugh'

	ris	rions	(a) ri
	ris	riez	(b) rirai
	rit	rient	

rompre 'to break'

	romps	rompons	(a) rompu
	romps	rompez	(b) romprai
	rompt	rompent	

savoir 'to know'

	sais	savons	(a) su
	sais	savez	(b) saurai
	sait	savent	

Present
subjunctive: sache, sachions
Present
participle: sachant
Imperative: sache, sachons, sachez

sentir 'to feel' *see* **dormir**

servir 'to serve' *see* **dormir**

*sortir 'to go out' *see* **dormir**

souffrir 'to suffer' *see* **couvrir**

sourire 'to smile' *see* **rire**

suivre 'to follow'

	suis	suivons	(a) suivi
	suis	suivez	(b) suivrai
	suit	suivent	

surprendre 'to surprise' *see* **prendre**

Infinitive	Present	(a) *Past participle*
		(b) *Future*

survivre 'to survive' *see* **vivre**

***se taire** 'to be quiet' *see* **plaire**
(but **il se tait**, no circumflex on **i**)

tenir 'to hold' *see* **venir**

traduire 'to translate' *see* **conduire**

***venir** 'to come'	viens	venons	(a) venu*
	viens	venez	(b) viendrai
	vient	viennent	
vivre 'to live'	vis	vivons	(a) vécu
	vis	vivez	(b) vivrai
	vit	vivent	
voir 'to see'	vois	voyons	(a) vu
	vois	voyez	(b) verrai
	voit	voient	
vouloir 'to wish'	veux	voulons	(a) voulu
	veux	voulez	(b) voudrai
	veut	veulent	

Present	
subjunctive:	veuille
	voulions
Imperative:	veuille, veuillez

Making verbs negative

Je ne viens pas demain.
I'm not coming tomorrow.

In compound tenses, the negatives **pas**, **jamais**, **rien**, normally follow the auxiliary:

Je n'ai pas pris de rendez-vous avec le médecin.
... et je n'ai rien dit à ma femme.
Je ne lui parle jamais de mes problèmes de santé.

Personne and **nulle part** normally come after the past participle in compound tenses:

> Je n'ai vu personne à la piscine.
> Normalement je ne vais nulle part sans voir quelqu'un que je connais.

In French, the double negative is perfectly correct in most cases, except that **pas** is *never* used with other negatives:

> **Il n'y a jamais personne à cette heure-là.**
> There is never anyone at that time. (literally, 'never no one')

The negatives **personne** and **rien** can be subject of a verb:

> Personne n'a téléphoné.
> Rien n'est arrivé.

(There is no **pas** after verbs whose subject is already a negative.)

Ni is most frequently used to couple negative items:

> **Elle ne parle *ni* français *ni* anglais.**
> She speaks *neither* French *nor* English.

> **Ni Georges ni sa femme ne travaillent.**
> Neither Georges nor his wife works.

> **Je ne reconnaîtrais ni lui ni sa femme.**
> I wouldn't recognise him or his wife.

> **Tu n'as pas vu mon agenda? Moi non plus.**
> You haven't seen my diary? Nor have I.

Ne ... plus can be used in relation to time:

> **Il ne joue plus au golf.**
> He no longer plays golf.

or in expressions of quantity:

> **Il n'y a plus d'allumettes.**
> There are no matches left.

Aucun(-e) can be used as adjective or pronoun:

> **Je n'ai aucune idée.**
> I've no idea.

> **Aucune maison n'a été vendue.**
> No house has been sold.

Aucune n'a été vendue.
None has been sold.

When negating infinitives some negatives (**pas**, **jamais**, **rien**, **plus**) are placed with **ne** immediately before the infinitive:

Elle m'a demandé de ne pas lui écrire, et de ne jamais parler à son mari.
She asked me not to write to her and never to speak to her husband.

On nous a conseillé de ne rien payer.
We were advised to pay nothing.

Other negatives, such as **personne**, **nul**, **nulle part**, **aucun**, **ni**, are placed after the infinitive:

Elle a décidé de ne parler à personne.
She has decided to speak to no one.

It is commonplace (though not strictly correct) in everyday speech for the **ne** in negatives to be omitted, mainly with the **je** and **tu** forms of the verb, and with **c'est**:

Je suis pas d'accord.
I don't agree.

C'est pas la peine.
It's not worth it!

T'es pas fatigué?
Aren't you tired?

Reflexive verbs

A reflexive verb is a verb whose action is *turned back* on the subject. The object is therefore the same person or thing as the subject.

Elle se pèse tous les jours.
She weighs herself every day.

In many cases reflexive verbs in French express an action, whose reflexive nature is not stated (though perhaps understood) in English:

Je me lève à sept heures, je me lave, je me maquille et je m'habille.
I get up at seven, wash, do my make-up and get dressed.

Often the reflexive meaning is absent altogether from the English equivalent:

Je me souviens de mon enfance.
I remember my childhood.

Other similar examples include:

s'adresser à	to speak to
s'en aller	to go away
s'approcher de	to approach
se dépêcher	to hurry
se douter de	to suspect
se fier à	to trust
se méfier de	to mistrust
se mettre à	to begin to
se moquer de	to laugh at
se noyer	to drown
se plaindre	to complain
se promener	to go for a walk
se souvenir de	to remember
se servir de	to use
se taire	to shut up, be silent

Modal verbs

The modal verbs in French are:

devoir	have to, must
falloir	to be necessary
pouvoir	to be able, can
savoir	to know how to
vouloir	to wish

Devoir

je dois partir (present tense)
I have to leave

vous devez être heureux
you must be pleased

j'ai dû partir (perfect tense)
I have had to leave/I must have left

je devais partir   (imperfect tense)
I was to leave/I was due to leave

je devrais partir   (conditional tense)
I ought to leave

j'aurais dû partir   (perfect conditional)
I should have left

Falloir

This verb exists only in the impersonal form **il faut** and its other tenses. Even though this is an impersonal verb, the context will often mean that it is interpreted more personally:

Il faut partir tout de suite.
We/you must leave immediately.

To be more precise about *who* is obliged, use **il faut que** + subjunctive:

Il faut que tu partes avec les enfants.
You must leave with the children.

Pouvoir

Je peux partir?   (present tense)
Can I leave? May I leave?

Je pourrais partir demain.   (conditional tense)
I could leave tomorrow.

J'aurais pu partir demain.   (perfect conditional)
I could have left tomorrow.

Savoir

Savoir has only limited use as a modal verb, with the meaning 'to know how to'. However, since this idea is frequently expressed in English by the word *can*, there is a danger that English speakers will confuse the use of **savoir** and **pouvoir**.

Savez-vous danser le tango?
Can you dance the tango?

Vouloir

Je veux partir aujourd'hui.	(present tense)
I want to leave today.	
Je voulais partir aujourd'hui.	(imperfect)
I wanted to leave today.	
Je voudrais partir aujourd'hui.	(conditional)
I would like to leave today.	
J'aurais voulu partir aujourd'hui.	(perfect conditional)
I would like to have left today.	

The present participle

The present participle in French is formed by adding **-ant** to the first-person plural of the present tense, after removing the **-ons** ending:

nous partons	**partant** leaving
nous finissons	**finissant** finishing

The only exceptions are **ayant (avoir)**, **étant (être)** and **sachant (savoir)**.

The present participle is often preceded by **en**:

En partant, j'ai oublié de prendre mon porte-feuille.
On leaving I forgot to take my wallet.

Translating the English '-ing'

The English '-ing' is not equivalent to the French -**ant** in the following cases:

- When '-ing' forms part of a tense in English: 'I am leaving', **je pars**.
- After prepositions: 'without waiting', **sans attendre**.
- When linked to a preceding verb: 'I like driving', **j'aime conduire**.

Note also that many -*ing* nouns in English have equivalents in French which are unconnected with the present participle, for example:

la natation	swimming	**la danse**	dancing
l'équitation	horse-riding	**la chasse**	hunting
le jardinage	gardening	**la pêche**	fishing

The subjunctive

For most purposes it is easier to think of the subjunctive as occurring after specified verbs and fixed phrases, in subordinate clauses beginning with **que**, meaning 'that'.

Most important of all: the subjunctive is not generally used unless there is a change of subject in the sentence. If the subject is the same, other constructions such as the infinitive are generally preferred:

Mes parents préféreraient que vous arriviez avant huit heures.
My parents would prefer you to arrive before eight o'clock.

Moi aussi je préférerais arriver avant huit heures.
I too would prefer to arrive before eight o'clock.

The subjunctive is required

After verbs expressing emotions such as pleasure, surprise, disbelief, liking, disliking, disappointment, regret, anger, fear, etc., *when followed by* **que**:

être content/ravi/heureux que	to be pleased/delighted/happy that
s'étonner que	to be astonished/surprised that
être surpris/étonné que	to be astonished/surprised that
être incroyable/bizarre que	to be unbelievable, strange that
être déçu que	to be disappointed that
regretter que	to be sorry, regret that
être dommage que	to be a shame/pity that
avoir peur que	to fear that, to be afraid that
craindre que	to fear that, to be afraid that

After verbs of wishing, wanting, preferring, ordering, permitting, forbidding, awaiting, expecting, etc., *when followed by* **que**:

vouloir que	to wish, want
souhaiter que	to wish
désirer que	to want
préférer que	to prefer
aimer mieux que	to prefer
insister que	to insist
ordonner que	to order
permettre que	to permit, allow
défendre que	to forbid

attendre que	to await
s'attendre à ce que	to expect

As with many of the verbs in these lists, if the subject is the same in both halves of the sentence, an infinitive construction is preferred to the subjunctive:

Je voudrais l'accompagner.

After verb constructions expressing necessity, urgency and importance, *when followed by* **que**:

il faut que	it is necessary that
il est nécessaire que	it is necessary that
il est indispensable que	it is indispensable that
il est essentiel que	it is essential that
il est urgent que	it is urgent that
il est important que	it is important that

After verb constructions expressing possibility, uncertainty, doubt:

il se peut que	it is possible that
il est possible que	it is possible that
il est impossible que	it is impossible that
il n'est pas certain que	it is not certain that
douter que	to doubt that
je ne crois pas que	I don't believe
je ne pense pas que	I don't think
je ne suis pas convaincu que	I'm not convinced that

After certain conjunctions:

afin que, pour que	so that, in order that
bien que, quoique	although
à moins que	unless
avant que	before
après que	after
à condition que, pourvu que	on condition that, provided that
de crainte que, de peur que	for fear that
de façon que, de sorte que de manière que	so as to, with the intention that/of
jusqu'à ce que	until
sans que	without

Verbs which take a direct object in French but not in English

attendre	to wait for	**J'attends le bus.**
chercher	to look for	**Je cherche mon parapluie.**
demander	to ask for	**J'ai demandé un plan de la ville.**
écouter	to listen to	**Elle écoute la radio.**
habiter	to live in/at	**Nous habitons Grenoble.**
regarder	to look at	**J'aime regarder les vieux films.**

Verbs + preposition + noun

acheter à	to buy from
arracher à	to snatch, tear away from
assister à	to be present at
avoir besoin de	to need
changer de	to change
convenir à	to suit
croire à/ en	to believe in
dépendre de	to depend on
douter de	to doubt
emprunter à	to borrow from
entrer dans	to enter
féliciter de	to congratulate on
se fier à	to trust
s'intéresser à	to be interested in
jouer de/à	to play
jouir de	to enjoy
manquer de/à	to miss
se méfier de	to mistrust
se mêler à	to get involved in
obéir à, désobéir à	to obey, disobey
pardonner à	to forgive
plaire à, déplaire à	to please, displease
renoncer à	to give up
résister à	to resist
ressembler à	to resemble, look like
se servir de	to use
se souvenir de	to remember
succéder à	to succeed
survivre à	to survive

téléphoner à	to telephone
se tromper de	to mistake
vivre de	to live on
voler à	to steal from

Verbs followed by infinitives

A small number of verbs are linked to a following infinitive without any preposition. They include:

- Modal verbs (**pouvoir**, **vouloir**, **devoir**, **falloir**, **savoir**):

  Je veux rester.
  I wish to stay.

- Verbs of motion:

aller	to go	**monter**	to come/go up
courir	to run	**partir**	to leave
descendre	to come/go down	**rentrer**	to come/go back
entrer	to enter	**sortir**	to come/go out
envoyer	to send	**venir**	to come

  Il est sorti faire ses courses.
  He has gone out to do his shopping.

- Verbs expressing like, dislike, preference, hope, expectation, wish:

adorer	to adore, love	**espérer**	to hope
aimer	to like	**préférer**	to prefer
compter	to expect	**souhaiter**	to wish
désirer	to want, wish		
détester	to hate		

Verbs + à + infinitive

This is a small group of fairly common verbs.

s'amuser à	to enjoy oneself (doing . . .)
apprendre à	to learn to, teach how to
s'apprêter à	to get ready to
arriver à	to manage to
chercher à	to seek to
commencer à	to start to, begin (doing . . .)

continuer à	to carry on (doing ...)
se décider à	to make up one's mind to
demander à	to ask to
encourager à	to encourage to
s'habituer à	to get used to (doing ...)
hésiter à	to hesitate to
s'intéresser à	to be interested in (doing ...)
inviter à	to invite to
se mettre à	to begin to
obliger à	to oblige to
passer du temps à	to spend time (doing ...)
perdre du temps à	to waste time (doing ...)
persister à	to persist in (doing ...)
pousser à	to urge to
renoncer à	to give up (doing ...)
réussir à	to succeed in (doing ...)
servir à	to be used for (doing ...)
tarder à	to delay, be late (doing ...)
tenir à	to be keen to

Verbs + de + infinitive

Most verb + infinitive constructions in French belong to this group. If a verb is not to be found in the two groups above it is likely that it uses **de** to link with its infinitive:

J'essaie de l'aider.
I try to help him.

Key to exercises

Lesson 1

Try it! Essayez-le! *(1)*

1 Vous êtes espagnole, madame? Etes-vous espagnole, madame?
2 Est-ce que vous comprenez? Comprenez-vous? 3 Est-ce que vous
pouvez parler plus lentement? Pouvez-vous parler plus lentement?
4 Il pleut beaucoup à Londres? Pleut-il beaucoup à Londres?
5 Est-ce que vous parlez italien? Vous parlez italien?

Lesson 2

Try it! Essayez-le! *(5)*

Il y a un garage près d'ici?
Oui, il y en a un à 300 mètres. Vous prenez la deuxième rue à
droite, puis la première à gauche, et c'est sur votre gauche.

Il y a une banque près d'ici?
Oui, il y en a une à 2 minutes. Vous allez tout droit, et c'est sur
votre droite.

Il y a un parking près d'ici?
Oui, il y en a un à 300 mètres. Vous prenez la première à gauche,
et c'est tout droit.

Lesson 3

Try it! Essayez-le! *(4)*

1 Un jus d'orange, un cognac, et un café s'il vous plaît.

2 Bonjour, ce sera un cognac, une bière pression, un thé citron et un jus de tomate, s'il vous plaît.
3 Un gin-tonic, une bière pression et un vin blanc, s'il vous plaît.

(5)

Oui, c'est pour elle, moi, moi, nous, eux, toi/vous.

Lesson 4

Try it! Essayez-le! *(3)*

La journée de Marianne commence vers six heures et demie.
Elle dépose Dominique à son école vers huit heures moins cinq.
Elle arrive au bureau à huit heures.
Elle travaille de huit heures à midi.
Elle rentre (manger) (chez elle) à midi.
Le soir, elle quitte le bureau à cinq heures quarante-cinq.

(5)

Marianne a une leçon de piano samedi matin. Nous n'avons pas le temps de pratiquer de sport. J'ai un rendez-vous [avec une copine/en ville/à midi] (*last three items any order*). Il a un concert tous les quinze jours. Jacqueline et Maurice ont des amis américains.

Lesson 5

Try it! Essayez-le! *(1)*

Après-demain, Sylvia et Bob vont voir des amis à Strasbourg.
Ensuite, ils vont louer un studio dans les Alpes du sud.
Au mois d'août, ils vont passer huit jours en Italie, puis ils vont prendre le ferry pour aller en Grèce.
A Gibraltar, Bob va louer un camping-car.
Le 20 septembre, ils vont traverser la Manche.

(2)

1 Vrai, 2 Faux, 3 Faux, 4 Vrai, 5 Vrai, 6 Faux, 7 Vrai.

(3)

Oui, on va visiter des amis. Oui, on va louer un studio. Oui, on a l'intention de visiter Avignon et Arles. Non, on va passer une semaine en Italie.

(4)

Specimen answers:

Je voudrais louer un camping-car pour 8 jours.
J'aimerais passer un weekend à Paris.

Lesson 6

Try it! Essayez-le! *(1)*

Qui est-ce *qui* boit un coca? Qui est-ce *qui* habite ici? Qui est-ce *que* tu emmènes en ville? Qui est-ce *qui* a un frère qui s'appelle Tim? Qui est-ce *que* vous conduisez à l'hôtel?

(3)

Alain
Chantal? C'est ma sœur. Madeleine? C'est ma mère. Marcel? C'est mon grand-père. Josette? C'est ma tante. Non, c'est ma tante.

Madeleine
Laurent? C'est mon fils. Pierre? C'est mon mari. Monique? C'est ma mère. Josette? C'est ma sœur. Chantal, c'est ma fille.

Christine
Marcel et Marie-Louise, ce sont mes parents. François et Monique, ce sont mes beaux-parents. Alain et Laurent sont mes neveux.

François et Monique
Josette, c'est notre fille. Alain, Laurent et Chantal, ce sont nos petits-enfants.

(4)

Laurent est le fils de Madeleine.
Josette, c'est sa sœur.
Pierre, c'est son mari.

Christine, c'est sa belle-sœur.
Monique et François, ce sont ses parents.

Pierre est le fils de Marcel.
Marie-Louise, c'est sa femme.
Madeleine, c'est sa belle-fille.
Les trois enfants, ce sont ses petits-enfants.

(5)

Bob et Sylvia vont visiter *leurs* amis à Strasbourg. Marianne prend *sa* voiture pour aller au bureau. Laurent ne voit pas souvent *ses* grands-parents qui habitent Toulouse. Dominique adore *son* école maternelle. Karen a une photo de *sa* famille en vacances. Et vous, Maurice, votre distraction principale, c'est *votre* violoncelle. Nous jouons au bridge une fois par semaine avec *nos* amis.

(6)

1 Pierre, 2 François et Monique, 3 Chantal, 4 Josette, 5 Madeleine et Josette

Lesson 8

Try it! Essayez-le! *(1)*

Vous *pouvez* arriver vers 2 heures? Elle *peut* très facilement rentrer dimanche. Tu *sais* danser le tango? Elle *peut* téléphoner demain? Est-ce que Anne Murdoch *sait* conduire? Je ne *sais* pas faire une omelette. Je ne *peux* pas payer 500 francs. Est-ce que vous *savez* réparer un poste de télévision?

(2)

B: Je ne peux pas, *je dois aller à Paris.*
B: Je ne peux pas, *je dois aller au bureau.*
B: Je ne peux pas, *je dois manger avec des amis.*
B: Je ne peux pas, *je dois aller téléphoner.*

(3) (sample answers)

A: Je voudrais des renseignements sur les trains pour Lille. Il faut combien de temps pour aller à Lille par TGV?
B: Une heure, monsieur/madame/mademoiselle.
A: Je dois arriver à Lille à dix heures trente au plus tard. A quelle heure est-ce que je dois partir?
B: A neuf heures quinze.
A: Je voudrais un aller-retour, première classe.

A: Je voudrais des renseignements sur les trains pour Grenoble. Il faut combien de temps pour aller à Grenoble par TGV?
B: Trois heures, monsieur/madame/mademoiselle.
A: Je dois arriver à Grenoble à dix-huit heures au plus tard. A quelle heure est-ce que je dois partir?
B: A quatorze heures trente-six.
A: Je voudrais un aller simple, en seconde.

A: Je voudrais des renseignements sur les trains pour Bordeaux. Il faut combien de temps pour aller à Bordeaux par TGV?
B: Trois heures ou trois heures et demie, monsieur/madame/mademoiselle.
A: Je dois arriver à Bordeaux à quinze heures trente au plus tard. A quelle heure est-ce que je dois partir?
B: A onze heures quarante.
A: Je voudrais un aller-retour, en seconde.

A: Je voudrais des renseignements sur les trains pour Nancy. Il faut combien de temps pour aller à Nancy?
B: Trois heures, monsieur/madame/mademoiselle.
A: Je dois arriver à Nancy à midi au plus tard. A quelle heure est-ce que je dois partir?
B: A neuf heures une.
A: Je voudrais un aller simple, première classe.

(4)

Ils ont une voiture *italienne*. C'est un circuit *difficile*. Je vais faire une *longue* promenade. J'ai un *petit* problème. Je préfère les vins *australiens*. Le TGV est très *moderne*.

Lesson 9

Try it! Essayez-le! *(2)*

1 Aujourd'hui j'ai pris le train de huit heures. 2 Aujourd'hui je n'ai pas eu de place assise. 3 Aujourd'hui j'ai pris un thé citron. 4 Aujourd'hui j'ai eu beaucoup de travail. 5 Aujourd'hui j'ai fait deux heures supplémentaires.

(3)

1 Je viens d'arriver. 2 Je viens de l'ouvrir. 3 Je viens de sortir de la douche. 4 Je viens de me lever. 5 Je viens de demander le menu.

Lesson 10 – Revision

Test your intelligence

11	22	33	**44**	55	**66**	**77**	**88**	99

21	12	31	13	41	**14**	**51**	**15**	**61**

10	15	13	18	16	**21**	19	24	**22**

51	6	72	9	21	3	44	**8**	92	**11**

3	7	10	17	27	44	**71**	115	**186**

Jeu de nationalités

Charlie Chaplin était anglais. Jacques Delors est français. Boris Becker est allemand. Marlon Brando est américain. Segovia était espagnol. Pavarotti est italien. Hilary Clinton est américaine. Nelson Mandela est sud-africain. Nana Mouskouri est grecque. Boris Yeltsin est russe.

Pour aller au château, s'il vous plaît?

```
R F H O G D L P J O X E M N
K G F A U A V I B A N Q U E
C B E S S K R W Q I L X Y T
I J O B I D T A C I D N Y S
L C A S I N O S G X I Z P O
B Y T P M J I H G E F C X A
U E T S O P L T K Q R A O U
P H F E L R H D I T U Q A V
N A X G E E T A B A C E W P
I Q E F A I T Y R D T T E P
D W E T K R R O A A D I O I
R C R S B T E I H O Y B V F
A E G L I S E C A Q Y W B E
J O L Y T C I N E M A K A O
```

Les 16 destinations:

cinéma, église, hôtel, gare, banque, syndicat d'initiative, garage, tabac, château, piscine, poste, casino, théâtre, port, jardin public, mairie

Getting around

You: Pardon, monsieur, pour aller à la gare routière, s'il vous plaît?
You: C'est loin?
You: Pardon, madame, est-ce que vous avez un plan de la ville?
You: Merci, madame. J'aimerais/je voudrais louer une voiture. Est-ce qu'il y a un garage près d'ici?
You: Je peux y aller à pied?

Itinéraires

You might say:

Je vais passer trois jours à Paris, du 29 au 31 janvier. Le premier et le deux février je vais les passer à Tours. Ensuite je passe quatre jours à Nancy, du 5 au 8 février. Je vais aussi visiter Dijon, le 12 et le 13 février.

L'itinéraire de votre collègue (Paul/Paulette – vous choisissez!)

Paulette va passer trois jours à Marseille, du 24 au 27 janvier. Puis elle va passer une journée à Nice, le 29. Ensuite elle va à Lyon, où elle va passer 3 jours, du 30 janvier au 1er février. Elle va être deux jours à Toulouse, du 5 au 6 février, et le 7 elle va aller à Clermont-Ferrand pour la journée.

Supermarket muddle

moutarde, margarine, fromage, limonade

Au marché

Par exemple: un kilo de tomates; 4 tranches de pâté; 2 bouteilles de Badoit; 2 bottes de radis; 2 bouteilles de vin rouge; une boîte de Camembert; 4 paquets de chips; un kilo de pêches; un gros morceau de pizza/4 tranches de pizza.

Jeu de mémoire

1 Autour de 650 francs. 2 Pour transporter les bouteilles et les choses lourdes. 3 Le jardin public. 4 C'est un assortiment de légumes crus, par exemple carottes râpées, céleri, betterave rouge, radis. 5 Parce que son billet d'avion coûte moins cher si elle passe la nuit du samedi à Paris. 6 Le cinéma, les concerts, le bridge. 7 Ses parents s'appellent Colin et Maureen. Son père a 42 ans, sa mère 40 ans. Karen a un frère, Tim, qui est marié: sa femme s'appelle Sophie. La famille de Karen a un chien qui s'appelle Bruce. 8 Parce que c'est trop tôt pour les enfants, qui sont à l'école. 9 Elle n'a pas de voiture.

Un mot, s'il vous plaît

1 Je me couche *rarement/toujours/souvent* avant minuit. 2 La semaine *prochaine* nous allons louer une voiture. 3 J'*aimerais* aller aux Etats-Unis. 4 Les enfants adorent *leurs* grands-parents. 5 *Pourrais-tu/Voudrais-tu/Peux-tu/Veux-tu* m'acheter aussi *du* lait? 6 Une *livre* de haricots verts, s'il vous plaît. 7 L'avion coûte deux

fois plus *cher* que le train. 8 Je ne *sais/peux* pas jouer au bridge.
9 Je voudrais des *renseignements* sur les trains pour Bordeaux.
10 Quel est le *numéro* de votre chambre?

C'est combien les ...

pêches blanches: dix-neuf francs (19F) le kilo; haricots verts: vingt-
cinq francs (25F) le kilo; poires Williams: douze francs (12F) le
kilo; tomates: huit francs cinquante (8F50) le kilo; radis: cinq francs
(5F) la botte; melons: sept francs cinquante (7F50) la pièce;
carottes: six francs (6F) le kilo; courgettes: onze francs cinquante
(11F50) le kilo.

11F50; 32F50

Quand est-ce arrivé?

1 (d), 2 (j), 3 (h), 4 (b), 5 (f), 6 (g), 7 (c), 8 (i), 9 (e), 10 (a)

Lesson 11

Try it! Essayez-le! (1)

Toi? Le médecin *te* voit à 10h30. Nous? Le médecin *nous* voit à
11h15. Marianne? Le médecin *la* voit à 12h00. Vous? Le médecin
vous voit à 12h30. Pierre? Le médecin *le* voit à 14h00. Les enfants?
Le médecin *les* voit à 14h45.

(2)

Pierre *leur* parle. Chantal *l'*adore. Elle ne *les* voit pas souvent.
Maurice *leur* parle de ses problèmes. Le médecin *lui* donne des
somnifères.

(3)

La machine *lui* parle hollandais. La machine *lui parle anglais.* La
machine *te parle italien.* La machine *nous parle allemand.* La
machine *leur parle japonais.* La machine *vous parle anglais.* La
machine *leur parle espagnol.*

(5)

Je me suis cassé la jambe.	Je ne peux pas mettre ma chaussure droite.
Chantal s'est coupé le genou.	Elle ne peut pas jouer.
Je me suis tordu le poignet.	Je ne peux pas écrire.
Laurent s'est lavé les mains.	Alors il peut manger.
Pierre s'est fait mal à l'épaule.	Il ne peut pas jouer au golf.
Je me suis fait mal au dos.	Je ne peux pas dormir.
Maurice ne s'est pas rasé.	Il ne peut pas sortir.
Alain s'est cogné la tête.	Il doit se coucher.

Lesson 12

Try it! Essayez-le! *(1)*

Le tunnel sous la Manche a été ouvert en 1994. La France a été libérée par les Alliés en 1945. La Déclaration des Droits de l'Homme a été écrite en 1789. Le tour de France (cycliste) a été fondé en 1903. La *Symphonie Fantastique* de Berlioz a été composée en 1830.

(2)

1 No: On lui a demandé l'heure. 2 No: On lui a proposé un billet de cent francs. 3 Yes: Un billet de cent francs a été proposé comme prix. 4 Yes: Le guide a été envoyé à Notre-Dame. 5 No: On a envoyé un message au guide. 6 No: On m'a donné un plan de Paris. 7 Yes: Le plan de la ville m'a été donné par le réceptionniste.

(4)

1 15, 2 Fixed price for all journeys, 3 Yes, 4 RER serves the region around Paris, 5 Yes, at a number of stations, 6 No, through ticketing operates

Lesson 13

Try it! Essayez-le! *(1)*

Il *était* onze heures du soir. Nous *roulions* à 50 parce que *j'étais* fatigué. Je ne *conduis* pas souvent la nuit. Un camion nous *suivait*.

Juste avant le village, il a *klaxonné* et il nous a *fait* des appels de phares, parce qu'il *voulait* nous doubler. J'ai *ralenti* et il m'a *doublé*. Quand nous sommes *arrivés* dans le centre du village, il *attendait* au feu rouge.

(2)

froid – chaud; soleil – couvert; orageux – stable; frais – doux; nuit – jour; vent – calme; humide – sec.

(3)

Il faisait un temps chaud et ensoleillé. Il faisait 30 degrés. Parce qu'il pleuvait. / Parce qu'il faisait humide. Parce qu'il faisait un temps orageux. / Parce qu'il y a eu des orages. Parce qu'il faisait très/trop chaud. Il faisait un temps brumeux, puis du soleil.

(4)

1 Vrai, 2 Faux, 3 Vrai, 4 Faux, 5 Faux, 6 Faux, 7 Vrai, 8 Faux, 9 Faux

Lesson 14

Try it! Essayez-le! *(2)*

Il n'y a *rien* qui m'intéresse au menu. Je ne vois *personne* qui fume. Ce restaurant n'est *pas* ouvert demain. Michel est impossible – il n'arrive *jamais* à l'heure. Si je prends du vin, je ne peux *pas* conduire ce soir. Ils n'ont *rien* de nouveau comme dessert. Je n'ai parlé à *personne* ce soir. Je n'ai *rien* dit au patron. Je viens souvent, et il n'y a *jamais* de tables libres.

(3)

Je sais à quelle heure arrive le train. *Je connais* tous les cinémas du quartier. *Je connais* le propriétaire de l'hôtel, et sa femme. *Je sais* que vous avez des difficultés financières. *Je connais* ce parfum – tu le mets toujours?

Lesson 15

Try it! Essayez-le! *(1)*

N'enlevez pas les cendres. Prenez du papier. Mettez le papier sur le plateau. Ajoutez du petit bois. Allumez le feu. Mettez des gants. Versez du charbon de bois. Attendez vingt minutes. Faites cuire les merguez.

Non, *ne le prépare pas.* Non, *n'en prenez pas.* Oui, *mettez-en.* Oui, *sortez-les.* Oui, *prenez-les.* Oui, *mettez-les.* Non, *ne les mettez pas.* Non, *ne les appelez pas.*

(2)

Le catalogue est dans ton bureau?	Non, je ne l'y vois pas.
Tu passes souvent devant le magasin?	J'y passe, mais rarement.
J'ajoute de l'engrais à la terre?	Non, n'y ajoute rien.
Mes gants sont sous le barbecue?	Oui, ils y sont.
Tu vas au barbecue?	Oui, j'y vais.
J'allume le feu?	Oui, allez-y!

Lesson 16

Try it! Essayez-le! *(3)*

un chemisier en *soie* **bleu clair**	a light blue silk blouse
un *gilet* **en cuir noir**	a black leather waistcoat
une veste pur laine *gris foncé*	a dark grey pure wool jacket
une chemise en coton *à rayures*	a striped cotton shirt
des chaussures *en cuir noir*	black leather shoes
un *survêtement* **en polyester/coton**	a tracksuit in polyester/cotton
une jupe *vert-olive*	an olive green skirt
une chemise *taille 38* **en crème**	a size 38 shirt in cream

(4)

Vous: Je voudrais acheter une robe de chambre.
Vous: Non, c'est pour mon père.
Vous: Je préférerais quelque chose en coton.
Vous: Cinquante-quatre.

Vous: Mon père préfère les tons foncés/les couleurs foncées. Je prends la bleu marine. Elle fait quel prix?
Vous: Oui, s'il vous plaît.

(5)

C'est dommage qu'elle n'aime pas ce gilet. C'est dommage que Marc ne mette jamais ses nouvelles chaussures. C'est dommage que Janine déteste les trainers. C'est dommage que tu choisisses toujours des couleurs foncées. C'est dommage que ce survêtement n'existe pas en bleu. C'est dommage que vous n'ayez pas la bonne taille. C'est dommage que Pierre ne vienne pas avec nous. C'est dommage que le magasin ferme à midi.

Lesson 17

Try it! Essayez-le! *(2)*

J'achèterai la maison pourvu que vous remplaciez le toit, vous dégagiez le jardin et que vous répariez le radiateur dans la chambre.

(4)

1 depuis, 2 il y a, 3 il y a, 4 depuis, 5 depuis, 6 il y a

Lesson 18

Try it! Essayez-le! *(1)*

Cher Thomas,
  Bonjour! Je passe le weekend à Nice. Hier je suis allée voir des amis à Menton, et le soir j'ai mangé dans un bon restaurant. Aujourd'hui il fait un temps superbe. Grosses bises à toi et à toute la famille.

                    Hélène

```
                12,  The Close,
                    Norwich
              Norfolk  NOR  3DQ
              Tel:  0603  344267

                       Norwich,  le  5  Septembre
Cher Monsieur,

Vous  ne  me  connaissez  pas,  mais  Madame  Guibert
vous  a  recommandé.  Je  suis  le  nouveau/la  nouvelle
propriétaire  de  sa  maison,  et  je  serai  à  la
maison  du  13  au  20  octobre.  Pourriez-vous  passer
me/nous  voir?

En  attendant  de  faire  votre  connaissance,  je  vous
prie,  monsieur,  d'accepter  l'assurance  de  mes
meilleurs  sentiments.
```

(2)

1 Vrai, 2 Faux, 3 Faux, 4 Faux, 5 Vrai

(3)

Je travaille	Max m'a dit qu'il travaillait
J'ai travaillé	Max m'a dit qu'il avait travaillé
Je travaillerai	Max m'a dit qu'il travaillerait
J'aurais travaillé	Max m'a dit qu'il aurait travaillé

Lesson 19

Try it! Essayez-le! *(2)*

Si je vais en Egypte ce sera au mois d'octobre. Si j'avais le temps j'irais voir les Pyramides. Si j'avais investi mon argent j'aurais pu m'offrir une Ferrari. Si je m'installais à Rome ma femme m'accompagnerait.

Lesson 20

Retrouvons les personnages

1 Il ne pouvait pas dormir, il s'énervait beaucoup. 2 Patricia, parce qu'elle a fait trop de kilomètres à pied à Paris. 3 Marcel, qui roulait à cent cinq à l'heure, dépassant de 15 kilomètres à l'heure la limite de quatre-vingt dix. 4 Albert Coste, quand il était prisonnier de guerre. 5 Véronique, parce qu'elle avait un rendez-vous avec sa mère. 6 On commence la cuisson/ On met les merguez etc. 7 Parce que les fleurs sauvages n'aiment pas un sol riche. 8 Sa mère lui a offert une chemise, mais elle était de la mauvaise taille, et en plus il n'aime pas les chemises à rayures. 9 Parce qu'elle y allait moins souvent depuis le décès de son mari. 10 La plupart des meubles, plus la vaisselle, la batterie de cuisine, le congélateur et la tondeuse. 11 Elle trouvait que la qualité de la vie était supérieure en province. 12 Laurent arrêterait, mais pas Michel.

Assortiment

dormir	lit	chambre	se coucher
volant	phare	doubler	rouler
averse	orageux	humide	pluie
mardi	libre	agenda	occupé
laine	taille	gilet	gants

Couples

talon – haut; ceinture – noire; tissu – uni; temps – frais; artiste – célèbre; soucis – personnels; jardin – potager; chauffage – central; cuisine – neuve; semaine – dernière.

Les mots qui manquent

Hier nous avons *passé* toute la journée dans le jardin. Il faisait très *chaud* surtout l'après-midi, et même dans *la piscine*, l'eau était à 30 *degrés*. Nos trois enfants *savent* tous nager, et ils sont *sortis* de l'eau seulement quand ils avaient faim. Pour le repas à midi, j'avais *acheté/préparé* des merguez et on a fait un *barbecue*, mais en début de soirée le temps est devenu *orageux*, et il a fallu qu'on mange dans la *maison*.

Téléphone ou phonotélé?

A: C'est bien l'agence immobilier Leclerc?
B: Oui, madame, c'est madame Leclerc à l'appareil.
A: Est-ce que je pourrais parler à Monsieur Martin, s'il vous plaît?
B: Désolée, madame, il vient de sortir avec un client.
A: Pouvez-vous lui demander de me téléphoner?
B: C'est de la part de qui, madame?
A: Madame Richeux, et mon numéro, c'est le 48.78.99.01.

Français, langue étrangère

Le jour de mon anniversaire je me suis levé à huit heures dix. J'ai fait ma toilette et je me suis habillé. J'ai mangé un croissant et j'ai bu un café, puis je suis sorti. Je suis allé chez mes parents et ils m'ont donné un cadeau. C'est une grammaire de français – je n'ai pas besoin de ça!

Propriété privée

Mr and Mrs Roberts had asked when the sale would be completed and how they would obtain the keys.

Innocent ou coupable?

Non, je ne connais personne de ce nom. / Non, je ne la connais pas. Non, je ne l'ai jamais vue. Non, je n'y suis jamais allé. Non, je ne les garderais pas. Non, je n'ai pas de comptes dans d'autres pays. Non, je n'étais pas chez moi. Non, je ne me rappelle pas.

French–English glossary

abandonner	to abandon	**par ailleurs**	incidentally
d'abord	first	**air: avoir l'air**	to look (happy)
absolument	absolutely	**(heureux)**	
accident (masc.)	accident	**à l'aise**	comfortable
d'accord	agreed, in agreement	**ajouter**	to add
		alcool (masc.)	alcohol
achat (masc.)	purchase	**aliments chats/**	catfood,
acheter	to buy	**chiens** (masc.)	dogfood
activité (fem.)	activity	**allemand**	German
actuel, -le	present	**aller**	to go
admirateur (masc.)	admirer	**à l'aller**	on the outward journey
adorer	to love, adore	**aller simple** (masc.)	single ticket
adresse (fem.)	address		
adulte (masc.)	adult	**aller–retour** (masc.)	return ticket
aéroport (masc.)	airport		
affectueux, -se	affectionate	**Allô**	Hello (telephone only)
agence (fem.)	agency		
agenda (masc.)	diary	**allumer**	to light; to switch on
agent immobilier (masc.)	estate agent		
		allumettes (fem.)	matches
âge (masc.)	age	**amande** (fem.)	almond
âgé	old	**aménager**	to convert, fit out
agglomération (fem.)	conurbation		
		américain	American
agréable	pleasant, nice	**ami** (masc.),	friend
aider	to help	**amie** (fem.)	
à l'aide de	with the help of, to the aid of	**amour** (masc.)	love
		ampoule (fem.)	light bulb
ailleurs	elsewhere	**ananas** (masc.)	pineapple
d'ailleurs	besides	**an** (masc.)	year

ancien, -ne
  (before noun) former
  (after noun) old, ancient
anglais English
année (fem.) year
anorak (masc.) anorak
août August
apogée (fem.) peak
appareil (photo) camera
  (masc.)
à l'appareil speaking
    (telephone)
apparent exposed,
    apparent
appartement flat, apartment
  (masc.)
appeler to call
appétit (masc.) appetite
après after
après-midi afternoon
  (masc.)
argent (masc.) money; silver
argenté silvered, silver
    colour
arracher to pull out,
    snatch
arrivée (fem.) arrival
arriver to arrive
artichaut (masc.) artichoke
ascenseur (masc.) lift
s'asseoir to sit down
assez enough
assiette (fem.) plate
assortiment assortment
  (masc.)
assurer to ensure; to
    insure
atteindre to reach, attain
attirer to attract
aucun (doute no (doubt etc.)
  etc.)
augmenter to increase

aujourd'hui today
aussi also
  aussi grand as big
  que as
autocar (masc.) coach
autour de around
à l'avance in advance
en avance in advance
avec with
avenir (masc.) future
avenue (fem.) avenue
avion (masc.) aeroplane
avoir to have
avril April
bagages (masc.) luggage
baguette (fem.) stick loaf
bain de soleil sunbath
  (masc.)
baiser (masc.) kiss
balade (fem.) walk, stroll
banlieue (fem.) suburbs
banque (fem.) bank
barbecue (masc.) barbecue
barquette (fem.) small fruit
    basket
bas (masc. pl.) stockings
bas, basse low
bâtir to build
batterie de kitchen utensils/
  cuisine (fem.) pans
bavarder to chat
beau, belle beautiful,
    handsome,
    fine
beau-frère brother-in-law
  (masc.)
beau-père father-in-law
  (masc.)
beaux-parents parents-in-law
  (masc. pl.)
bêcher to dig
belge Belgian

Belgique (fem.)	Belgium	**bricolage,**	DIY
belle-mère,	mother-in-law	(masc.)	
(fem.)		**bricoleur** (masc.)	do-it-yourselfer
belle-sœur (fem.)	sister-in-law	**bridge** (masc.)	the game of
berceau (masc.)	cradle		bridge
besoin (masc.)	need	**brique** (fem.)	brick
avoir besoin de	to need	**bruit** (masc.)	noise
betterave rouge,	beetroot	**brûler**	to burn
(fem.)		**bruyant**	noisy
beurre (masc.)	butter	**bureau** (masc.)	office; desk
bien sûr	Sure! Certainly!	**bus** (masc.)	bus
bientôt	soon	**cacahuète** (fem.)	peanut
à bientôt!	see you soon!	**caddy** (masc.)	trolley (super-
bière (fem.)	beer		market or
billet (masc.)	ticket, banknote		golf)
biscuit (masc.)	biscuit	**cadre** (masc.)	frame, setting
bise (fem.)	kiss	**café** (masc.)	coffee; café
blanc, -che	white	**caisse** (fem.)	cashdesk; super-
bleu, -e	blue		market
bleuet (masc.)	cornflower		checkout
blond	blond	**calme**	calm
blouson (masc.)	bomber jacket	**cambrioleur,**	burglar
bœuf (masc.)	beef	(masc.)	
boire	to drink	**campagne** (fem.)	countryside
boisson (fem.)	a drink	**camping-car,**	motor caravan
boîte (fem.)	box; tin/can;	(masc.)	
	night club	**canal** (masc.)	canal; TV
bon, -ne	good		channel
bottes (fem.)	boots	**capitale** (fem.)	capital city
boucherie (fem.)	butcher's	**caramel** (masc.)	toffee
bouchon,	cork; traffic jam,	**caravane** (fem.)	caravan
(masc.)	tailback	**carnet de**	
boulangerie,	baker's	**chèques,**	cheque book
(fem.)		(masc.)	
boulot (masc.)	work	**carotte** (fem.)	carrot
(colloq.)		**carte postale,**	postcard
bouquet (masc.)	bunch (flowers,	(fem.)	
	herbs)	**carte de crédit,**	credit card
bouquin (masc.)	book	(fem.)	
(colloq.)		**case** (fem.)	box, space on a
bouteille (fem.)	bottle		grid or form
brasserie (fem.)	bar/restaurant	**casino** (masc.)	casino

cathédrale, (fem.)	cathedral
cave (fem.)	cellar
à cause de	because of
ça	that
ce, cet, cette, **ces**	this, that these, those
ceci	this
ceinture (fem.)	belt
cela	that
célèbre	famous
céleri (masc.)	celery
célibataire, (masc.)	single person
celui, celle, **ceux, celles**	this, that, these, those
cendres (masc. pl.)	ashes
cent	a hundred
céréales (fem. pl.)	cereals
cerise (fem.)	cherry
cerise (adj.)	cherry colour
chaleur (fem.)	heat, warmth
chambre (fem.)	bedroom
champignon (masc.)	mushroom, edible fungus
champ (masc.)	field
chapeau (masc.)	hat
chaque	each
charbon de bois, (masc.)	charcoal
charcuterie, (fem.)	pork butcher's; cooked meats
charger	to load
chargée	heavy
charme (masc.)	charm
château (masc.)	castle
chauffage **central** (masc.)	central heating
chaussettes, (fem. pl.)	socks

chaussures, (fem. pl.)	shoes
chemin de fer, (masc.)	railway
cheminée (fem.)	fireplace, mantlepiece
chemisier, (masc.)	blouse
cher, chère	dear; expensive
chercher	to look for
aller chercher	to go and fetch
cheval (masc.) **chevaux** (pl.)	horse
cheveux, (masc. pl.)	hair
chèvre (fem.)	goat
chez	at the house of
chien (masc.)	dog
chinois	Chinese
chips (fem. pl.)	crisps
chocolat (masc.)	chocolate
choisir	to choose
choix (masc.)	choice
chose (fem.)	thing
chouette!	Great! Super!
cimetière (masc.)	cemetery
cinéma (masc.)	cinema
circulation, (fem.)	traffic
citron (masc.)	lemon
civil, -e	civil
clair	light, bright
bleu clair	light blue
clé (fem.)	key
cocher	to tick (items in a list)
cœur (masc.)	heart
cognac (masc.)	brandy
cohue (fem.)	throng, crush
coiffeur (masc.)	hairdresser
collants (masc. pl.)	tights

colline (fem.)	hill	**à côté de**	beside, next to
combles (masc.)	roof space in a house	**coton** (masc.)	cotton
commander	to order	**se coucher**	to go to bed
comme	like, as	**couler**	to flow
commencer	to begin, start	**couleur** (fem.)	colour
comment	how	**coup de fil** (masc.)	telephone call
commerces (masc. pl)	shops	**coupable**	guilty
en commun	in common	**couper**	to cut
comprendre	to understand; to include	**courbe** (fem.)	curve
comptable (masc.)	accountant	**courrier** (masc.)	mail, post
		au cours de	in the course of
compter	count	**faire ses courses**	do one's shopping
conduire	drive, lead	**cousin, cousine**	cousin
confirmer	confirm	**coûter**	to cost
confortablement	comfortably	**créer**	to create
congélateur (masc.)	deep freeze	**crème** (fem.)	cream
		crevé (colloq.)	exhausted
congelé	frozen (food)	**croire**	to believe, think
connaissance (fem.)	knowledge, familiarity	**croissant**	growing
connaître	to know, be acquainted with	**crudités** (fem. pl.)	raw vegetables
		cru	raw
		cuir (masc.)	leather
construire	to construct, build	**cuisine** (fem.)	kitchen; cooking
		cuisinière (fem.)	cooker
contenu (masc.)	contents	**cuisson** (fem.)	the cooking process
continuer	to continue		
au contraire	on the contrary	**dame** (fem.)	lady
convaincre	to convince	**danser**	to dance
convenir	to suit	**de plus en plus**	more and more
copain, copine (colloq.)	friend, playmate	**début** (masc.)	beginning
		décembre	December
coq (masc.)	cockerel	**décès** (masc.)	death
coquelicot (masc.)	poppy	**déchirer**	to tear
		se décontracter	to relax
correspondances (fem.)	interchange stations on the métro	**déçu**	disappointed
		définitif, -ive	final, definitive
		dehors, en dehors de	outside
costume (masc.)	suit	**déjà**	already

au delà de	beyond
demander	to ask (for)
se demander	to wonder
demi	half
dentiste (masc.)	dentist
dent (fem.)	tooth
départ (masc.)	departure
dépendance (fem.)	outbuilding
dépense (fem.)	expense
se dépeupler	to be depopulated
déplacement (masc.)	movement, journey
se déplacer	to move around
se déployer	to unfold
déposer	to put down, drop off (from a car)
depuis	since
dernier	last
derrière	behind
dès	from, as early as
descendre	to go down, take down
désolée!	sorry!
desséché	dried up
dessert (masc.)	dessert
dessiner	to draw
au dessous de	beneath, below
au dessus de	above
destination (fem.)	destination
devant	in front of
devenir	to become
devoir	to have to; to owe
dialecte (masc.)	dialect
différence (fem.)	difference
dimanche	Sunday
dîner	(verb) to dine; (noun, masc.) dinner
disponible	available
distraction (fem.)	leisure interest, pastime
divorcé (adj.)	divorced; (noun) divorcee
dizaine (fem.)	about ten
dizaines de milliers	tens of thousands
dois, *see* **devoir**	
dominer	to overlook, dominate
dommage que	a pity that
donc	therefore, so
donner	to give
dormir	to sleep
double vitrage (masc.)	double glazing
douche (fem.)	shower
doué	talented, gifted
doux, douce	gentle, sweet
drainer	to drain
drogues (fem. pl.)	drugs
droite	right (as opposed to left)
droit (masc.)	right (e.g. the right to silence)
droit (adj., adv.)	straight
dur en affaires	hardnosed in business
dynamique	dynamic, lively
eau (fem.)	water
écarlate	scarlet
à l'échelle de	on the scale of
éclatant	striking
éclater	to explode, burst
école maternelle (fem.)	nursery school
écossais	Scottish
écraser	to crush

écremé — skimmed (milk)
  demi-écremé — semi-skimmed
écrire — to write
écrivain (masc.) — writer
égal, -e, égaux, égales — equal
église (fem.) — church
élève (masc. or fem.) — pupil
embarras (masc.) — embarrassment
embrasser — to kiss
emmener — to take away
encombrement (masc.) — obstruction
encore — again, still, yet
s'endormir — to go to sleep
énerver — to irritate
  s'énerver — to get annoyed
enfant (masc.) — child
enfouir — to bury
engrais (masc.) — fertiliser
enlever — to remove
ennuyer — to annoy, worry
s'ennuyer — to be bored
ensoleillé — sunny
ensuite — next, then
entendre — to hear
Entendu! — Understood!
enterrer — to bury
entièrement — entirely
entre — between
entrée (fem.) — entrance
entrer — to go in, enter
envie: avoir envie de — to want to
épeler — to spell
épouser — to marry
époux (masc.), épouse (fem.) — husband, wife
épuisé — exhausted

équilibre (masc.) — balance
équiper — to equip
espagnol — Spanish
espèce (fem.) — kind, sort, species
espérer — to hope
espoir (masc.) — hope
essayer — to try
essence (fem.) — petrol
estimer — to think; to estimate, value
établir — to establish
étage (masc.) — floor, storey
étonner — to surprise, astonish
étranger — foreign
études (fem. pl.) — studies; higher education
évidemment — obviously
éviter — to avoid
éxagérer — to overdo, show off, exaggerate
examen (masc.) — examination
excuses (fem. pl.) — apologies
exposition (fem.) — exhibition
en face de — opposite
facile, facilement — easy, easily
faim: avoir faim — to be hungry
falloir — to be necessary
famille (fem.) — family
fatigué — tired
il faut (falloir) — it is necessary, must
femme (fem.) — woman. wife
ferme (fem.) — farm
ferry (masc.) — ferry
février — February
fiche (fem.) — form
fille (fem.) — girl, daughter
fils (masc.) — son
fin (fem.) — end
fin, fine — fine

finir	to finish	**général**	general
fixer	to fix	**genre** (masc.)	kind, sort, type
flammèche (fem.)	ember	**gentil, -ille**	kind, nice, polite
flamme (fem.)	flame	**gilet** (masc.)	waistcoat
fleurir	to flower, flourish	**glace** (fem.)	ice; ice cream
		golf (masc.)	golf
fleur (fem.)	flower	**goût** (masc.)	taste
floraison (fem.)	flowering	**grâce à**	thanks to
fois: une fois, deux fois	time: once, twice	**graine** (fem.)	seed
		grand	big, tall, great
foncé: bleu foncé	dark: dark blue	**grand'mère** (fem.)	grandmother
fonctionnaire (masc.)	civil servant	**grand-père** (masc.)	grandfather
au fond	at the back, at the bottom	**grands-parents** (masc. pl.)	grandparents
fonder	to found	**gratter**	to scratch
formation (fem.)	training	**gratuit**	free of charge
fort + adjective	very	**grave**	serious
frais, fraîche	fresh	**Grèce** (fem.)	Greece
fraise (fem.)	strawberry	**grenier** (masc.)	attic, loft
framboise (fem.)	raspberry	**groupe** (masc.)	group
français	French	**guichet** (masc.)	ticket office
franchement	frankly	**habiter**	to live in
fréquenter	to frequent	**habitude** (fem.)	habit
frère (masc.)	brother	**habituel**	usual
frigo (masc.) (colloq.)	fridge	**s'habituer**	to get used to
		haut	high
frites (fem.)	chips	**l'herbe** (fem.)	grass; herb
froid	cold	**hésiter**	to hesitate
fromage (masc.)	cheese	**heure** (fem.)	hour; time
fruits de mer (masc.)	seafood	**heure de pointe**	rush hour
fuite (fem.)	escape, leak	**tout à l'heure**	just now; presently
fumeur (masc.)	smoker		
furieux	angry, furious	**à tout à l'heure**	see you later
Galles, pays de (masc.)	Wales	**histoire** (fem.)	story, history
		hollandais	Dutch
gamme (fem.)	range	**honte** (fem.)	shame
garage (masc.)	garage	**hôtel** (masc.)	hotel
garder	to keep	**huile d'olive** (fem.)	olive oil
gare (fem.)	station		
gauche	left		

huîtres (fem. pl.)	oysters	**jambon** (masc.)	ham
humidité (fem.)	dampness; wet weather	**janvier**	January
		jardin (masc.)	garden
hypermarché (masc.)	hypermarket	**jardin potager** (masc.)	vegetable garden
ici	here	**jardinage** (masc.)	gardening
d'ici là	from now till then	**eau de Javel** (fem.)	bleach
idée (fem.)	idea	**jean** (masc.)	jeans
il y a	there is, there are	**jeu** (masc.)	game
		jeudi	Thursday
il y a quelques jours	a few days ago	**jeune**	young
		joli	pretty
île (fem.)	island	**jouer**	to play
image (fem.)	picture, image	**journal** (masc.)	newspaper
immatriculation (fem.)	registration	**journaliste** (masc./fem.)	journalist
immeuble (masc.)	block of flats	**journée** (fem.)	day
		jour (masc.)	day
imper (**imperméable**) (masc.)	raincoat	**juillet**	July
		juin	June
		jumeau (masc.)	twin
inclure	to include	**jupe** (fem.)	skirt
indiquer	to point out, indicate	**jupe-culotte** (fem.)	culotte-skirt
inégal	unequal	**jus** (masc.)	juice
infirmier, -ière	nurse	**jusqu'à**	until, as far as
infusion (fem.)	herbal tea	**laine** (fem.)	wool
inquiet, -ète	anxious	**lait** (masc.)	milk
installer	to instal	**laitue** (fem.)	lettuce
instituteur, institutrice	primary-school teacher	**langue** (fem.)	tongue, language
		lot: le gros lot	the jackpot prize
intention: avoir l'intention de	to intend	**leçon** (fem.)	lesson
		légèrement	lightly, slightly
intéresser	to interest	**légume** (masc.)	vegetable
intérêt (masc.)	interest	**lendemain** (masc.)	next day
investir	to invest		
invités (masc. pl.)	guests	**lent, lentement**	slow, slowly
		lequel, laquelle, lesquel(le)s	which one(s)
irlandais	Irish		
italien	Italian	**lettre** (fem.)	letter
jamais	never	**librairie** (fem.)	bookshop

libre	free
lieu (masc.)	place
limonade (fem.)	lemonade
liseron (masc.)	bindweed
liste (fem.)	list
lit (masc.)	bed
litre (masc.)	litre
livre (masc.)	book
livre (fem.)	pound
loger	to accommodate, lodge
loin	far
loisirs (masc. pl.)	pastimes, leisure activities
longévité (fem.)	long life
longtemps	for a long time
lors de	at the time of
loterie (fem.)	lottery
louer	to hire, rent
lourd	heavy
lundi	Monday
lunettes (fem. pl.)	spectacles
magasin (masc.)	shop
mai	May
maintenant	now
mairie (fem.)	town hall; municipal office
la Manche	the Channel
manquer	to miss
manteau (masc.)	coat
maquiller	to put on make-up
marchand (masc.)	shopkeeper, stallholder
marcher	to walk
la marche	walking (as an activity)
marché (masc.)	market
mardi	Tuesday
mare (fem.)	pond

margarine (fem.)	margarine
mari (masc.)	husband
mariage (masc.)	marriage, wedding
marié, mariée, mariés	groom, bride, newlyweds
Maroc (masc.)	Morocco
marron (invariable)	brown
mars	March
matin (masc.)	morning
matinée (fem.)	morning
mal de tête (masc.)	headache
mécanicien (masc.)	mechanic
médecin (masc.)	doctor
mélange (masc.)	mixture
melon (masc.)	melon
même	even
le/la même	the same
à même de	in a position to, able to
même pas	not even
menu table d'hôte (masc.)	fixed-price menu
mercredi	Wednesday
mère (fem.)	mother
merguez (fem. pl.)	spicy sausage from north Africa
message (masc.)	message
métier (masc.)	job, trade, profession
mettre	to put
se mettre à	to start
se mettre en route	to set out
mettre le feu à	to set light to
meubles (masc. pl.)	furniture

un meuble	an item of furniture	**nombreux, -se**	numerous
mi-temps	half-time	**normalement**	normally
midi (masc.)	midday, noon	**notaire** (masc.)	notary public
Midi (masc.)	South of France	**nouveau(x), nouvelle(s)**	new
mignon, mignonne	delightful, lovely	**novembre**	November
milieu (masc.)	middle	**nuit** (fem.)	night
minuit (masc.)	midnight	**objet** (masc.)	object
à la mode	fashionable	**occasion** (fem.)	opportunity
modèle (masc.)	model	**d'occasion**	second-hand
moindre	least	**octobre**	October
moins	less, least	**œil** (masc.) (pl. **les yeux**)	eye
au moins	at least	**œuf** (masc.)	egg
mois (masc.)	month	**oignon** (masc.)	onion
moisson (fem.)	harvest	**à l'ombre de**	in the shade of
monnaie (fem.)	change (money)	**oncle** (masc.)	uncle
montagne (fem.)	mountain	**ouest**	west
monter	to go up, take up	**ouïe** (fem.)	hearing
monter à cheval	to ride a horse	**outil** (masc.)	tool
montrer	to show	**paix** (fem.)	peace
morceau (masc.)	piece	**pamplemousse** (masc.)	grapefruit
mort (masc.)	dead person	**panorama** (masc.)	panorama, view
mort (fem.)	death	**pantalon** (masc.)	(pair of) trousers
mortier (masc.)	mortar	**papeterie** (fem.)	stationery (shop)
moules (fem. pl.)	mussels	**papier** (masc.)	paper
moulin (masc.)	mill	**Pâques**	Easter
moutarde (fem.)	mustard	**paquet** (masc.)	parcel, packet
musée (masc.)	museum, art gallery	**un paquet cadeau**	a gift wrap
naissance (fem.)	birth	**paraître**	to appear
naître	to be born	**parcelle**	parcel (of land)
néanmoins	nonetheless	**pardessus** (masc.)	overcoat
nécessaire	necessary	**parents** (masc. pl.)	parents, relatives
nettoyer	to clean	**parfait**	perfect
neveu (masc.)	nephew	**parfois**	sometimes
nièce (fem.)	niece	**parfum** (masc.)	perfume
nom (masc.)	name (family name)		
prénom (masc.)	first name		

parking (masc.)	car park
parler	to speak
parmi	among, amidst
part (fem.)	share
de la part de	on behalf of, from
de part et d'autre	on either side of
pour ma part	for my part
partager	to divide, share
partir	to leave
pas du tout	not at all
passer	to pass
passé (masc.)	the past
patron (masc.)	proprietor
payer	to pay
pays (masc.)	country
pêche; la pêche	fishing
pêche (fem.)	peach
peine: ce n'est pas la peine	it's not worth the trouble
peinture (fem.)	painting, picture
pelouse (fem.)	lawn
pénible	tiresome, painful
perdre	to lose
père (masc.)	father
permis (masc.)	permit
permis de conduire	driving licence
permettre	to permit, allow
persil (masc.)	parsley
personne (fem.)	person
ne ... personne	nobody
peser	to weigh
petit déjeuner (masc.)	breakfast
petit-fils (masc.)	grandson
petite-fille (fem.)	grand-daughter
petits-enfants (masc. pl.)	grandchildren
peu: un peu	a little
peu d'argent	little money
peur (fem.)	fear
avoir peur	to be afraid
peut-être	perhaps
pharmacie (fem.)	chemist's, drugstore
pièce (fem.)	room; piece (of music), component part
pied (masc.)	foot
à pied	on foot
pile: huit heures pile	eight o'clock precisely
pique-niquer	to picnic
piscine (fem.)	swimming pool
pissenlit (masc.)	dandelion
place (fem.)	seat, place, square
plage (fem.)	beach
plaire	to please
Cette robe me plaît	I like this dress
plaisir (masc.)	pleasure
plan (masc.)	street map
plateau (masc.)	tray
plat (masc.)	dish
pleuvoir	to rain
il pleut	it is raining
plombier (masc.)	plumber
la plupart de/ du/de la/des	most, the majority of
plus	more; plus (+)
le plus intéressant	the most interesting
ne ... plus	no more, no longer
en plus	in addition; what's more
plusieurs	several
poids (masc.)	weight
pointure (fem.)	size of shoe
poire (fem.)	pear

poisson (masc.) fish
pomme (fem.) apple
pomme de potato
  terre (fem.)
port (masc.) port (for boats)
porter to carry; to wear
poste: la poste post office
  par la poste by post
  un **poste de**
  TV a TV set
pour for
  pour in order to
  + infinitive
  pour l'instant for the time
    being
pourvu que provided that
pousser to push
poutre (fem.) beam
pouvoir to be able
pratiquer to engage in
préférence (fem.) preference
premier, -ière first
prendre to take
prénom (masc.) first name
préparer to prepare
près de near to
presque almost
prêt, prête ready
prêt (masc.) loan
prévenir to warn
printemps (masc.) spring
priver to deprive
prix (masc.) prize; price
problème (masc.) problem
prochain, -aine next
produits
  chimiques chemicals
  (masc. pl.)
professeur teacher
  (masc.)
profiter de to take
  advantage of

profond deep
promenade walk
  (fem.)
se promener to go for a walk
promesse (fem.) promise
en promotion on special offer
propre: before
  noun own
  after noun clean
propriété (fem.) property (land
  or buildings)
protéger to protect
pull (masc.) pullover, sweater
quart (masc.) quarter
quartier (masc.) district, quarter
quels/quelles? what?
quelqu'un someone else
  d'autre
quelques a few
qui? who?
  qui d'entre
  vous? which of you?
quinzaine (fem.) a fortnight;
  about fifteen
quitter to leave
  Ne quittez pas! Hold the line!
quotidien, -ienne daily
racine (fem.) root
radis (masc.) radish
se rappeler to recall
raser to shave
ratisser to rake
ravi, -e delighted
rayon (masc.) shelf, section in
  a shop
à rayures striped
réaliser to achieve,
  accomplish
réclame: en
  réclame on special offer
récolter to harvest
redémarrer to get going again

réduire	to reduce	**rez-de-chaussée**	ground floor
réfléchir	to reflect, think again	(masc.)	
		richesse (fem.)	wealth, riches
regarder	to look at	**risquer de**	to be likely to
religieux, -euse	religious	**rive** (fem.)	bank of a river
rembourser	to reimburse, pay back	**robe** (fem.)	dress
		robe de chambre	dressing gown
remercier	to thank	(fem.)	
remplir	to fill	**romain**	Roman
rendez-vous	appointment	**rouge**	red
(masc.)		**route** (fem.)	road, route
rendre	to give back	**rue** (fem.)	street
rénover	to renovate, restore	**rural, ruraux, rurale(s)**	rural
renseignements	information	**rythme** (masc.)	rhythm
(masc. pl.)		**s'installer**	to install oneself, move into
se renseigner	to obtain information	**s'occuper de**	to look after, deal with
réparer	to repair		
repas (masc.)	meal	**saison** (fem.)	season
répondeur	answer-phone	**salade** (fem.)	salad
(masc.)		**salle** (fem.)	room
répondre	to reply		(NB a room
réseau (masc.)	network, system		in a house
respiration (fem.)	breathing		is normally
respirer	to breathe		**une pièce**)
reste (masc.)	the remainder, the rest	**salle de bains**	bathroom
		(fem.)	
rester	to remain	**samedi**	Saturday
résumer	to summarise	**sandales**	sandals
retard (masc.)	delay, lateness	(fem. pl.)	
retraite (fem.)	retirement	**sans**	without
retraité(e)	retired person	**santé** (fem.)	health
(masc. or fem.)		**saucisse** (fem.)	sausage
se retrouver	to meet	**saucisson** (masc.)	dry sausage
réunion (fem.)	meeting	**sauf**	except
réveil (masc.)	alarm clock	**saumon** (masc.)	salmon
(se) réveiller	to wake up	**sauna** (masc.)	sauna
revenir	to come back	**sauvage**	wild
rêve (masc.)	dream	**savoir**	to know; to know how to
rêver	to dream		
revue (fem.)	magazine	**sécheresse** (fem.)	dryness, drought

en seconde	second class (travel)	**sortie** (fem.)	exit
secrétaire (masc. or fem.)	secretary	**soucis** (masc. pl.)	worries, anxieties
séduire	charm, seduce, captivate	**souffrir**	to suffer
		souhaitable	desirable, preferable
séjour (masc.)	1 stay, visit; 2 sitting room, lounge	**souhaiter**	to wish
		soupe (fem.)	soup
		sous-estimer	underestimate
selon	according to	**sous-sol** (masc.)	basement
semaine (fem.)	week	**sous-vêtements** (masc. pl.)	underclothes
sembler	to seem		
semer	to sow seeds	**soutien-gorge** (masc.)	bra
sentir	to smell		
se sentir	to feel	**souvent**	often
septembre	September	**sportif, -ive**	sporting, athletic
se serrer la main	to shake hands	**steak hâché** (masc.)	minced beef
serveur, serveuse	waiter, waitress		
seul	alone, only	**stress** (masc.)	stress
short (masc.)	shorts	**studio** (masc.)	studio flat; studio
siècle (masc.)	century		
ski nautique (masc.)	water skiing	**sucre** (masc.)	sugar
		sud (masc.)	south
slip (masc.)	briefs	**suivre**	to follow
sœur (fem.)	sister	**suivre les pas de quelqu'un**	to follow in someone's footsteps
soie (fem.)	silk		
soif (fem.)	thirst		
avoir soif	to be thirsty	**supermarché** (masc.)	supermarket
soigneusement	carefully		
soir (masc.)	evening (as opposed to morning)	**supplément** (masc.)	surcharge, extra charge
		sûr, sûre	sure
soirée (fem.)	evening (emphasis on how evening spent)	**surveiller**	supervise; keep watch on
		survêtement (masc.)	tracksuit
sol (masc.)	ground		
en solde/soldé	at sale price	**symptôme** (masc.)	symptom
somme (fem.)	sum (of money)		
somnifère (masc.)	sleeping pill	**syndicat d'initiative** (masc.)	tourist information office
sortir	to go out, take out	**tabac** (masc.)	tobacconist

taille (fem.)	size
tailleur (masc.)	suit (for a woman)
talon (masc.)	heel
tante (fem.)	aunt
tard	late
tarif (masc.)	tariff
tarte (fem.)	tart
taxi (masc.)	taxi
tel, telle	such, so
téléphoner	to telephone
télévision (fem.)	television
tellement	so much
tempérament (masc.)	temperament
temps (masc.)	time, weather
de temps	from time to
en temps	time
à plein temps	full-time
à mi-temps	half-time
à temps partiel	part-time
tenir	to hold
tiens!	(expression of surprise)
tiens/tenez!	here you are! (when giving or passing something to someone)
tennis (masc.)	tennis; tennis shoes
tension (fem.)	tension; blood pressure
tenter	to tempt
terrain (masc.)	piece of land
terrasse (fem.)	terrace, patio
thé (masc.)	tea
théâtre (masc.)	theatre
ticket de caisse (masc.)	till receipt, cash receipt
tiens, *see* **tenir**	
tirer	to pull

tissu (masc.)	fabric
toile d'araignée (fem.)	cobweb
toiture (fem.)	roof
tomate (fem.)	tomato
tomber	to fall
tondeuse (fem.)	lawnmower
ton (masc.)	tone, colour
tordre	to twist
tôt	soon
toucher	to touch; to receive (money)
toujours	always
tourner	to turn
tout, toute, tous, toutes	all, every
tout à fait	completely, absolutely
tout de suite	immediately
tout le monde	everybody
train (masc.)	train
trainers (masc. pl.)	track shoes
trajet (masc.)	journey
tranche (fem.)	slice
travailler	to work
travail (masc.)	work
travaux (masc. pl.)	works (eg road works, repairs)
traverser	to cross
à travers	through, across
trèfle (masc.)	clover
trop	too much, too many
truite (fem.)	trout
tunnel (masc.)	tunnel
tutoyer	to use the **tu** form of address
uni	plain (fabric)
utiliser	to use

vacances (fem. pl.)	holiday	**vietnamien**	Vietnamese
vaisselle (fem.)	crockery	**vieux, vieil, vieille(s)**	old
faire la vaisselle	to do the washing up	**village** (masc.)	village
valeur (fem.)	value	**ville** (fem.)	town
vanille (fem.)	vanilla	**vin** (masc.)	wine
varié	varied	**violoncelle** (masc.)	cello
végétarien, -enne	vegetarian	**visiter**	to visit
		vite	quickly
vélo (masc.)	bicycle	**vitrine** (fem.)	shop window
vendeur, vendeuse	salesperson	**vivre**	to live
		voici	here is
vendre	to sell	**voie** (fem.)	platform/track
à vendre	for sale	**voilà**	there is
vendredi	Friday	**voile** (fem.)	sail; sailing
venir	to come	**voir**	to see
je viens d'arriver	I've just arrived	**voiture** (fem.)	car
		vol (masc.)	flight
vente (fem.)	sale	**volet** (masc.)	shutter
vérifier	to check	**volontiers**	gladly, willingly
vers	towards	**voter**	to vote
vers 3 heures	about 3 o'clock	**vouloir**	to want, wish
verser	to pour	**vouvoyer**	to use the **vous** form of address
vertu (fem.)	virtue		
veste (fem.)	jacket		
vêtements (masc. pl.)	clothes	**voyage** (masc.)	journey
		vue (fem.)	view; eyesight
veuf, veuve	widower, widow	**yaourt** (masc.)	yoghurt
vie (fem.)	life	**yeux** (masc. pl.)	eyes

Grammar index

This index will help you to track down topics, grammar points, and language functions. The references opposite each item are to the lesson number, those in italic are page numbers of relevant sections of the Reference Grammar.

Topic index

Talking points